Flower A. Newhouse: Die Engel der Natur

Flower A. Newhouse

Die Engel der Natur

hrsg. von Dr. Stephen Isaac

Aquamarin Verlag

Titel der amerikanischen Originalausgabe:
»Angels of Nature«

Deutsche Übersetzung: Dr. Edith Zorn
2. Auflage 2001

Voglherd 1 · D-85567 Grafing
Druck u. Bindung:
Offizin Andersen Nexö Leipzig
ISBN 3-89427-073-X

Inhalt

Danksagung

Ein Buch dieser Art basiert immer auf der Zusammenarbeit einzelner, die mit Nachforschungen, Niederschrift, Textverarbeitung und Herausgabe zu seiner Entstehung beitragen. Der Dank des Herausgebers gilt vor allem Evelyn Alemanni, Gwen Hulbert, Phyllis Isaac, Hal Lingerman und Jonathan Wiltshire für ihren monatelangen unermüdlichen Beistand. In dankbarer Anerkennung seien ebenfalls Dr. Mary Clark genannt, für Auszüge eines unveröffentlichten Manuskriptes, basierend auf Notizen, die im Verlaufe einer Reise nach Neuseeland und Australien mit Flower A. Newhouse gemacht wurden sowie Flowers Tochter, Athene Bengtson, für ausgewählte Geschichten und Anekdoten.

Stephen Isaac
Questhaven Retreat

Vorwort

Die heiligen Schriften und Glaubensbekenntnisse fast aller Weltreligionen künden von der Existenz der Engel. Die Hochkulturen der Vergangenheit, Ägypten, Griechenland, Rom und Persien sowie die Glaubensüberzeugungen der Moslems, Shintoisten, Hindus, Kabbalisten, Maoris und Christen, sie alle bejahen die Wirklichkeit der Engel und heben deren Gegenwart hervor.

Sowohl das Alte wie auch das Neue Testament legen Zeugnis ab für die Existenz und den Dienst der Engel. Auch in unserer heutigen Zeit vermitteln die inneren Erfahrungen erleuchteter Menschen einen Einblick in die göttliche Wirklichkeit. Mystiker lassen uns an der Offenbarung einer Welt voller Licht und Schönheit, die unseren Planeten umgibt und durchdringt, teilhaben. Zu ihnen zählt der bedeutende Naturmystiker John Muir. Kaum jemand hat die Notwendigkeit, Gott in der Natur zu ehren, so begeisternd ausgedrückt. Muir forderte uns auf: „Steigt hinauf in die Berge, und atmet die Luft, die die Engel atmen." Seine Liebe für die Schönheit der Natur ermöglichte es ihm wie kaum einem anderen, in die Tiefen ihrer Mysterien zu blicken. Sein liebevolles, waches Auge sah in den mächtigen Felsen Altäre und betrachtete die majestätischen Bäume als Priester, die sich „ dem umliegenden Wald ständig zuzuwenden scheinen".

Keiner der christlichen Mystiker war mehr berufen, einen so inspirierenden Einblick in das Reich der Engel und deren Beziehung zur Menschheit zu vermitteln, als Flower A. Newhouse. Ihr hellseherisches Auge durchdrang die physischen Schranken. Sie enthüllte eine Erdenwelt, in der es nicht nur Engel gibt, sondern in der auch Naturgeister wohnen, winzige, zierliche Wesen, die im Einklang mit den sanften, verfließenden Klängen sphärischer Musik schwingen. In den Wäldern und Gebirgen erschaute die Seherin anstelle einsamer, unbewohnter Orte, Bereiche tiefen Friedens, in denen sich große, anmutige Wesen aufhielten, die über Bäume, Seen und Gebirgsketten schwebten. Anfang dieses Jahrhunderts begann Flower über das Reich der Engel zu lehren. Sie beschrieb wunderbare innere Heiligtümer, Tempel und ‚Spielwiesen', von denen aus reine Wesen Strahlen mit der Absicht aussenden, Leben auf diesem Planeten emporzuheben und zu entfalten.

Der Mensch empfängt ständig herrliche Gaben aus der gütigen Hand der Natur. Er wird indirekt beeinflußt und beschenkt durch die Einwirkungen jener strahlenden Wesenheiten, die „Engel der Natur" genannt werden.

Diese Engel sorgen für eine ununterbrochene Wiedergeburt im Reich der Natur. Sie beaufsichtigen die Elementarwesen und wachen über den Jahreszeiten. Das Gesetz von Ursache und Wirkung bestimmt die Art ihres Helfens, die die Erde verdient. Sie dürfen daher weder Erdbeben noch Überschwemmungen verhüten, aber für Regen und Windstille sorgen. Wenn der Mensch sich aus Unwissenheit oder Achtlosigkeit an der Erde vergeht, wie zum Beispiel durch rücksichtslose Bodenbewirtschaftung, dann dürfen die Engel der Natur bei der dadurch entstehenden Bodenerosion nicht eingreifen. Wäre es den mächtigen Wesen erlaubt, Naturkatastrophen zu verhindern, dann würden wir Menschen es nicht lernen, mit den Segnungen, die uns die Natur zukommen läßt, richtig und sorgsam umzugehen.

Flower A. Newhouse, ein spirituelles Vorbild, lehrte uns, die erforderliche Intuition und innere Wahrnehmung zu entwickeln, um die Gegenwart der Engelwesen zu spüren und den Segen ihrer Belehrungen zu erkennen. Etwas über diese erhabenen Lichtwesen zu lernen, erweitert unseren inneren Horizont und stärkt unser Vertrauen. Wir sollten jede authentische Einsicht in das Reich der Engel begrüßen, denn die Menschheit wird immer den Rat und Beistand jener benötigen, die rein und voller Milde sind.

Die Segnungen jener heiligen Lichtbringer werden alle diejenigen berühren, die Gott mehr lieben und verehren als sich selbst und materielle Dinge. Anweisungen oder Offenbarungen, die wir von Engeln erhalten, vermehren unser Verständnis für uns selber und unsere Aufnahmefähigkeit für die Göttlichen Wunder.

Über Flower A. Newhouse

Die Mystikerin, Seherin und spirituelle Lehrerin Flower A. Newhouse bleibt unvergessen. Sie besaß die Gabe der Hellsichtigkeit und lebte, was sie lehrte. Sie brachte der Welt die ungewöhnliche Synthese von innerer Wahrnehmung, christlicher Wesensart und einem der Wiederentdeckung esoterischer Wahrheit gewidmetem Leben. Das vorliegende Buch beruht auf ihren geistigen Erfahrungen.

Flowers Lebensaufgabe bestand in der Trennung der Wahrheit vom Mythos, um der Menschheit ein umfassenderes Verständnis für die wundersame Welt Göttlichen Lebens zu vermitteln, das auf unsichtbare Weise dem Leben auf Erden dient und es unterstützt. Von Kindheit an drang sie in die Tiefen jener Mysterien ein und gab ihre Erfahrungen in Vorträgen und Schriften furchtlos weiter. Sie arbeitete und lehrte in dieser Weise lange bevor sich ein allgemeines Interesse für Engel bemerkbar machte.

Eines ihrer frühen hellsichtigen Erlebnisse ereignete sich, als die sechsjährige Flower mit der Staten Island Fähre nach New York fuhr. Ihr Gesicht leuchtete plötzlich auf. Dutzende winziger Wassergeister tanzten über die Wogen. Eine Freundin am Ärmel ziehend, rief sie erfreut aus: „Oh, sieh doch, die wunderschönen Wesen!“ Ihre Begleiterin, blind für diese Wunder, hielt es für ein Phantasiespiel und machte fröhlich mit. Flower schaute verwirrt auf. Seit sie sich erinnern konnte, hatte sie Naturwesen und andere, sogar noch herrlichere Wunderdinge geschaut.

Die Wassergeister glitten immer noch über die Wellen, aber was ihre Freundin beschrieben hatte, war nirgendwo zu sehen. Erschrocken mußte sie feststellen, daß diese alles nur erfunden hatte. Schmerzlich tauchte die Erkenntnis in ihr auf, daß sie eine Welt wahrnahm, die anderen verschlossen blieb. Zögernd faßte sie den Entschluß, nicht mehr über die inneren Wirklichkeiten zu sprechen. Wie die zauberhaften Blumen in einem geheimen Garten, so würden ihre Einblicke fortan ihr persönliches Heiligtum bleiben.

Bis zu ihrem ersten Jahr in der Höheren Schule blieb das Tor verschlossen. Zu ihren Schulaufgaben gehörten zahlreiche Aufsätze, die die Pforten des inneren Schauens öffneten. Ihre Einsichten und Erfahrungen zeigten eine Tiefe und innere Klarheit, die ihre Lehrer verblüfften.

Eingenommen von Flowers unerklärbarer Gabe, baten sie drei ihrer Lehrer, in ihren Wohnungen mit einer Unterrichtsreihe über jene Wirklichkeiten zu beginnen. Diese Einladungen sollten zukunftsweisend sein. Die Jahre des Schweigens über die inneren Welten sanken in sich zusammen. Ihre Arbeit begann.

Was Flower in der Welt des Lichtes wahrnahm, inspirierte und läuterte sie in Demut. Es gab ihr die Geduld und das Vertrauen, still zu wirken. Sie wußte, daß es die Menschheit eines Tages danach verlangen würde, diesen Planeten und Gottes unsichtbare Schöpfungen, die ihn bereichern, zu erkennen. Sie gelobte, das Wissen der Welt in bezug auf die Engel, die der Menschheit und der Natur beistehen, sie beschützen und ermutigen, zu vermehren und ihr Bewußtsein für diese Wesen zu stärken.

Ihre Lehren enthüllen die unermeßliche Fülle himmlischer Boten, die jedem Lebensaspekt selbstlos dienen, deren Erscheinungsformen, Verantwortlichkeiten und die Art ihres Beistandes, den sie Pflanzen-, Tier- und Menschenleben gewähren. Überall kann die Arbeit der Engel beobachtet werden, denn sie erhalten die Erde grün, fruchtbar und schön. Wind, Wetter und Gelände fügen sich ihren Bewegungen und Anweisungen. Selbst der Verlauf der Jahreszeiten wird von Engeln beeinflußt, die für den vierteljährlichen Wechsel verantwortlich sind.

Flower setzte ihre Lehrtätigkeit fort und gründete „The Christward Ministry". Im Jahre 1940 begannen sie und ihr Ehemann Lawrence in einem einsamen Tal ein spirituelles Zentrum zu errichten, das zum bleibenden Heim für diese geistige Stätte werden sollte. Das in den Hügeln von Escondido im südlichen Kalifornien gelegene „Questhaven Retreat" umfaßt ein zweihundertsechzig Hektar großes, von einheimischen, immergrünen Sträuchern bewachsenes Gelände. Es bietet Wanderwege und Unterbringungsmöglichkeiten und zieht jährlich zahlreiche Besucher an. Studenten, Lehrer, Geistliche, Wissenschaftler und Künstler kommen von weit her, um hier innere Erneuerung und geistige Unterweisung zu finden.

Von diesem spirituellen Zentrum aus führte Flower ihre Lehr- und Ausbildungstätigkeit durch. Sie hielt zahllose Vorträge über Engel, die auf Tonband aufgenommen wurden. Sie verfaßte Bücher, zu denen *Fragen und Antworten, Engel und Devas, Lichtwesen* und *Die Tore der Weisheit* gehören. Vorliegendes Buch enthält Material aus den genannten Quellen sowie Auszüge aus Flowers Vorträgen, Artikeln und persönlichen Notizen, die aus dem Questhaven-Archiv stammen oder von Einzelpersonen zur Verfügung gestellt wurden.

Was das Thema Engel anbelangt, so war Flower ihrer Zeit um mehrere Jahrzehnte voraus. Doch ihre Lehrtätigkeit umfaßte weitaus mehr als diese faszinierende Welt. Sie war in erster Linie Mystikerin. Ihr Wirken kreiste im Wesentlichen um die Gestalt des Christus und um Jüngerschaft. Sie erinnerte sich sehr klar an ihre Inkarnation zu Seinen Lebzeiten. Ihre Hellsichtigkeit brachte lebhafte Eindrücke hinsichtlich Seines Wirkens zurück. Wenn Christus zum Beispiel von „anderen Schafen, die nicht zu dieser Herde gehören", sprach, erklärte Flower, so meinte Er damit das Reich der Engel. Flowers Lebensaufgabe bestand darin, erstens die Flamme christlicher Mystik neu zu entfachen und zweitens, die Wirklichkeit der Engelheerscharen wieder aufleben zu lassen. Sie pflegte die heiligen Chakras der Erde und die Kraftplätze der Natur aufzusuchen, um deren Energie hellseherisch zu erfahren. Diese Reisen führten vor allem zu Stätten in der Bergwelt, ihren bevorzugten Quellen der Erneuerung. Häufig wurde sie von Gruppen begleitet, was die Reise zu einer spirituellen Pilgerfahrt machte, die bezweckte, die Heiligkeit und Schönheit der Erde schätzen zu lernen. Im Jahre 1995 verließ Flower nach einem langen und erfüllten Leben im Alter von fünfundachtzig Jahren diese Welt.

Sie schenkte der Nachwelt zwei Vermächtnisse. Erstens, das „Questhaven Retreat", ein Naturgelände mit kilometerlangen zauberhaften Wanderwegen, der „Church of the Holy Quest", dem Haus der Freundschaft sowie einer Anzahl von Übernachtungsmöglichkeiten für einzelne Gäste und Gruppen; zweitens, ihre im Laufe der Jahre auf Tonband und Video aufgenommenen Vorträge sowie ihre zahlreichen Bücher und Veröffentlichungen. „Questhaven" ist ganzjährig geöffnet und bietet Gottesdienste, Workshops und Wochenendseminare.

Informationen erhalten Sie über:
Questhaven Retreat
20560 Questhaven Road, Escondido
CA 92029, USA

Abbildungen

Die in diesem Buch wiedergegebenen Bilder stammen von Jonathan Wiltshire. Seit 1975 illustriert er Flowers Bücher über Engel und die inneren Welten. Inspiriert von ihrer Hellsichtigkeit, erfaßt er die Bilder intuitiv. Flower bestätigte die Authentizität seiner Kunst, was dieser eine einzigartige Bedeutung zukommen läßt.

Über den Herausgeber

Dr. Stephen Isaac hat als Lehrer und Fachberater an verschiedenen öffentlichen Schulen, Universitäten und in der Privatindustrie gewirkt. Nach Abschluß der Universität Berkeley, Kalifornien, erwarb er seinen Magister in klinischer Psychologie und den Doktortitel in experimenteller Psychologie an der Claremont Graduate School in Claremont, Kalifornien.

Dr. Isaac widmete sich ein Leben lang der christlichen Mystik und dem Questhaven Retreat. Er begegnete Flower A. Newhouse zum ersten Mal als Zehnjähriger. 1952 wurde er zum Priester dieser Arbeit geweiht und dient Questhaven seither als Lehrer, Referent, Schriftsteller, Berater und Direktor.

Ein Engel der Berge

1

Die Wiederentdeckung der Engel

Ein wunderbares Erwachen beginnt sich bemerkbar zu machen, das die Herzen geistig Suchender aufrüttelt. Wie ein Licht, das die Dunkelheit erhellt, spürt man das zunehmende Bedürfnis, den Dienst der Engel für die Menschheit und unsere Erde neu zu entdecken, schätzen zu lernen und zu erbitten. Viele unter uns haben bereits bemerkt, daß ein ehrfurchtsvolles Einbeziehen dieser selbstlosen Wesen in unsere Gedankenwelt unseren Alltag zu erheben, zu läutern und zu erleuchten vermag.

Die Menschen haben immer gewußt, daß sie nicht die einzige Schöpfung Gottes darstellen. Der antike Mensch, der sich ganz natürlich für die ewigen Wahrheiten öffnete, akzeptierte die nicht physischen Wirklichkeiten ebenso wie Regen und Sonnenschein. Diesen Erkenntnissen fügte er jedoch Ausschmückungen hinzu, geboren aus seinen persönlichen Ängsten, Konflikten und abergläubischen Anschauungen.

Obgleich ihre Berichte über die Existenz der Engel ungenau und phantasievoll gewesen sein mögen, so leuchtet in den Legenden und Mythen der Menschheit doch die Wahrheit über die Boten Gottes hervor, für deren Wirken der Mensch sich immer interessiert hat. In der Antike glaubte man, daß Engel in Gestalt von Göttern und Göttinnen in idyllischen Hochburgen, wie dem Olymp oder

Elysium, der Walhalla, dem Nirvana und Paradies wohnten. Obwohl er dem Wesen des Engels menschliche Motivation, Ehrgeiz und Rivalität beimischte, so bewahrte der antike Mensch in seinem Glauben doch einen Schimmer jener göttlichen Macht und geistigen Reinheit der Engel.

Die Heiligen Schriften aller großen Weltreligionen berichten von Engeln. Sie werden sowohl in den Büchern des Alten Testamentes, Genesis, Exodus, Daniel, Psalmen und Zacharias, als auch in den Evangelien nach Lukas und Matthäus, in der Apostelgeschichte und in der Offenbarung erwähnt. Die apokryphen Schriften des Buches Henoch sprechen häufiger von Engeln als irgendeine andere Schrift des Altertums. Der Prophet Mohammed empfing den Koran vom Erzengel Gabriel. Die heiligen Schriften Indiens nennen die Engel Devas.

Im Neuen Testament vermitteln einige der zahlreichen Hinweise auf Engel ein Empfinden für deren Strahlkraft. In der Offenbarung heißt es zum Beispiel:

> *Und ich erblickte einen anderen mächtigen Engel, der vom Himmel herabstieg, umgeben von einer Wolke. Ein Regenbogen krönte sein Haupt, sein Antlitz strahlte wie die Sonne und seine Füße glichen Feuersäulen.*
>
> Offenbarung 10,1

„Umgeben von einer Wolke" bezieht sich auf die ausgedehnte Aura eines Engels. Sein Antlitz, das die Farbenpracht des Regenbogens widerspiegelt, mit der Sonne und seine Füße mit Feuersäulen zu vergleichen, beschreibt das strahlende Licht, das sich einem hellsehenden Menschen darbietet.

In den apokryphen Schriften des Buches Henoch, das die Heerscharen der Engel ausführlich beschreibt, heißt es im Hinblick auf ihre Zahl an einer Stelle:

Seraphim, Cherubim und Ophannin, sie, die niemals schlafen, bewachten den Thron Seiner Herrlichkeit. Und ich sah Engel von großer Zahl, Tausende und aber Tausende und zehntausendmal Zehntausend, die das Haus umgaben und Michael und Raphael und Phannuel und die heiligen Engel in den Höhen kehren in diesem Hause ein und aus.

Henoch LXXI,7-8

Die griechische Mythologie, die ihre Götter so stark vermenschlicht, daß diese kaum noch Engeln gleichen, berichtet von fünf Menschenrassen. Die erste, eine von den Titanen erschaffene, goldene Rasse, scheint eine wahre Beschreibung der Engel zu sein. Diese lebten sorglos und in Frieden, ohne sich plagen oder Krankheit erdulden zu müssen. Sie kannten kein Altern. Mit der Zeit entwickelten sie sich zu wohlwollenden Geistern, die auf Erden wohnten. Sie beschützten die Menschheit vor allem Bösen und bildeten Quellen des Reichtums, sozusagen eine Idealvorstellung von Schutzengeln.

Angesichts der vielen Belege über Engel in den heiligen Schriften und anderen historischen Aufzeichnungen, bedarf es da noch weiterer Beweise für ihre Existenz? Zwei Dinge scheinen viele Leute davon abzuhalten, die Wirklichkeit der Engel anzuerkennen. Erstens, Engel werden oft als ein historisches Phänomen betrachtet, für das es in unserer heutigen Zeit keinen Platz mehr gibt. Man liest zwar in der Bibelgeschichte über sie, aber diese Ereignisse fanden vor langer, langer Zeit und an fernen Orten statt. Aus dieser Sicht gesehen, beanspruchte Gott den Dienst der Engel nur in einer bestimmten Epoche, in die auch die Bibelereignisse fielen. Jedes weitere Eingreifen der Engel in die Weltgeschehnisse bliebe somit ausgeschlossen. Zweitens, sowohl die Bibel als auch andere Aufzeichnungen sprechen kaum über die Erscheinungsform und das Wesen der Engel oder den Zweck ihres Dienstes. Die erhaltenen Hinweise sind bruchstückhaft und Ehrfurcht einflößend. Sollten die Engel tatsächlich existieren, so argumentieren viele, dann muß es sich wohl um außergewöhnliche Wesenheiten handeln, die sich als ebenso mysteriös und faszinierend erweisen, wie die Entdeckung einer fortgeschrittenen Zivilisation auf einem fernen Planeten.

Wenn wir also an Engel glauben sollen, dann möchten wir mehr über ihre Existenz erfahren; wir möchten wissen, wie sie aussehen, was sie tun und vor allem, in welcher Beziehung sie zu uns stehen. Zeit ihres Lebens hat Flower A. Newhouse diese wundersamen Wesenheiten beobachtet und mit ihnen in Verbindung gestanden. Sie lehrte uns, daß es sich bei dem Reich der Engel, wie bei dem Menschenreich, um eine eigenständige Evolutionslinie handelt.

Die Abstufung der Engelhierarchie beruht auf dem jeweiligen Grad der Entwicklung. Wir unterscheiden Engel, Erzengel, Fürsten, Gewalten, Mächte, Herrschaften, Throne, Cherubim und Seraphim. Das gesamte Engelreich ist höher entwickelt als die Menschheit. Die niedrigste Stufe entspricht dem dritten Einweihungsgrad, der Stufe eines Heiligen, in der spirituellen Evolution des Menschen. Unser Verstand vermag wohl kaum die Welt jenseits der Ebene eines Erzengels zu erfassen. Die Zahl der Engel geht ins Unendliche. Ihnen obliegt die Koordination des Universums im Dienste Gottes.

Es gibt vier große Pfade dieses Reiches, die hauptsächlich auf das physische Sein ausgerichtet sind und jenem Leben dienen, das sich auf diesem Planeten entfaltet. Der erste, von dem das vorliegende Buch in erster Linie handelt, wird die „Naturwoge" genannt. Den zweiten Pfad, der das Schicksal von Mensch und Tier umfaßt, bezeichnet man auch als „Woge der Quelle des Lebens". Der dritte wird mit der Freisetzung und Manifestation Göttlicher Weisheit unter Führung des Heiligen Geistes in Zusammenhang gebracht. Der vierte ist bekannt als „Woge der Liebe", gelenkt von Christus.

Das Erscheinungsbild der Engel

Engel bestehen aus strahlender Lichtenergie, was sie als Bewohner einer anderen Welt erkennen läßt. Besonders eindrucksvoll sind ihre großen, leuchtenden Augen, die reine Liebe aussenden. Sollten wir eines dieser lichten Wesen schauen dürfen, genügt ein einziger Blick, um uns in die Knie sinken zu lassen. Die Engel suchen und wollen die Anbetung des Menschen nicht. Diese gebührt Gott allein. Still und bescheiden weisen sie selbst die beste Absicht zurück.

Engel besitzen eine erfrischende Lebendigkeit. Sie sind niemals untätig, vergeuden keine Energie und überlassen nichts dem Zufall. Dennoch liegt keinerlei Eile oder Aufregung in ihren Bewegungen. Ihre Aktivität fließt sanft dahin, ohne Zaudern und geradezu magisch. Ihre Zartheit und Reinheit transformiert den dafür empfänglichen Menschen. Sagen und Legenden haben zu Recht diese strahlenden Lichtwesen besungen, die unsere uneingeschränkte Bewunderung und Anerkennung verdienen. Sie sind ebenso Wirklichkeit wie die Luft, die wir einatmen, und gleichermaßen unsichtbar.

Flower hat die Freude der Engel beschrieben. Das Lächeln der Menschen erscheint oft oberflächlich und belustigt. Wenn Engel lächeln, dann bricht es aus der Tiefe ihrer Seele hervor, begleitet von einem Strahl aus blankem, pfirsichfarben angehauchtem Gold. Ihr gesamtes Wesen strahlt dieses Lächeln aus. Werden wir von ihm berührt, dann erahnen wir jene Freude, die die Engel kennen. Wann immer ein Mensch, mit dem sie gearbeitet haben, schließlich eine hartnäckige negative Angewohnheit besiegt hat, dann erfüllt sie diese Freude.

Jonathan Wiltshire, der vorliegendes Buch illustrierte, erinnert sich an eine Unterhaltung mit Flower über das Aussehen von Devas und Engeln. Im Gegensatz zu der überlieferten Malweise hatte er die obere Kopfpartie der Devas in Form einer nach oben geöffneten Sichel gezeichnet. Flower bestätigte, daß diese Darstellung jenen feurigen, starke Energieströme aussendenden Wesenheiten ähnelte, die sie im Gebiet von Sedona in Arizona wahrgenommen hatte.

Ein Engelwesen über Sedona (Arizona)

Ein Engel der Natur beachtet den Menschen erst dann, wenn dieser ehrfürchtig und bescheiden seinen Wirkungsbereich betritt. Die Aura dieser Person dehnt sich dann strahlend und farbenflammend aus. Ebenso, wie wir auf dem Wanderweg einen kostbaren Rubin oder leuchtenden Diamanten zwischen den grauen Steinen entdekken würden, bemerken Engel und Devas einen solchen Menschen. An unserer inneren Haltung erkennen sie, ob wir ihrer Aufmerksamkeit würdig sind.

Auf die Frage, worin der größte Gewinn bestehe, einen Engel zu erblicken, entgegnete Flower: „Der Anblick einer strahlenden Wesenheit läßt uns niemals die Bedeutung von Schönheit, die Macht der Liebe und die Seligkeit der Lauterkeit vergessen. Jemanden zu sehen, der das Licht vollkommener und bewußter als wir widerspiegelt, fordert uns zu größerer Anstrengung heraus." Wie es häufig für Mystiker der Fall ist, faßte sich Flower kurz in ihren Bemerkungen. Selten erging sie sich in Einzelheiten und gab dem Schüler viel Stoff zum Nachdenken. Als Lehrerin beantwortete sie die Fragen oft in einer Weise, die auf den nächsten Wachstumsschritt hinwies.

Die wohl irreführendste Wiedergabe von Engeln findet sich in jenen Gemälden, die sie als kleine Kinder oder „Pausbackenengel" darstellen. Nichts könnte der Wahrheit ferner liegen. Die majestätische Größe und Stärke der Engel wirkt ehrfurchteinflößend. Manche erreichen eine Höhe von neun Metern. Ein weiteres Mißverständnis liegt in der Annahme, daß Engel Flügel besitzen. Das liegt zweifellos an der menschlichen Auffassung, daß sie diese benötigen, um sich fortbewegen zu können. Doch Engel bewegen sich willentlich. Sie besitzen eine ausgedehnte, lebendige und sich ständig bewegende Lichtaura, die an Flügel erinnert. Künstler, die einen flüchtigen Blick von diesen ansonsten unsichtbaren Wesen erhaschten, hielten die Umrisse der Auren fälschlicherweise für Flügel.

Das Antlitz der meisten Engel besitzt eine eher ovale Form. Ihre Augen gleichen tiefen Seen, die bisweilen helle Lichtstrahlen aussenden. Engel absorbieren Elektrizität aus der Ätherschicht der Erdatmosphäre, die sie erhält, so wie uns der Sauerstoff. Nach den Worten Flowers erfüllt einen beim Anblick dieser Wesen die Sehnsucht nach ihrer ungeheuren Vitalität. Engel sind immer von Freude erfüllt, zuversichtlich und mitfühlend.

Das Leben der Engel im Vergleich zu dem des Menschen

Das Leben der Evolutionslinie des Engels unterscheidet sich in vieler Hinsicht von dem des Menschen. Engel sind im allgemeinen unsichtbar und zeigen sich nur denjenigen, die die Gabe innerer Wahrnehmung besitzen. Nur in Ausnahmefällen nehmen sie menschliche Gestalt an, um entweder ein Leben zu retten oder aber das Wohlergehen eines würdigen Individuums zu beeinflussen. Die Engel dienen Gott, indem sie Seinen Willen befolgen. Der Mensch hingegen besitzt Willensfreiheit. Der Weg, den er wählt, mag nicht immer mit dem Willen Gottes übereinstimmen, was seine Evolution in den Anfängen verlangsamt. Doch sobald er seinen Willen Gott unterwirft, ein Merkmal jeder großen Seele, beschleunigt er seine Entwicklung erheblich.

Die Evolution des Engels vollzieht sich, wenn auch langsamer als die des Menschen, gleichmäßig und harmonisch. Der zugrunde liegende Zweck ist Vollendung durch Fröhlichkeit und Dienst. Diese himmlischen Wesen existierten bereits vor den Menschen. Sie brauchen sich nicht als Kind zu inkarnieren, da ihnen der Zyklus von Tod und Wiedergeburt fremd ist. Sie kennen kein Altern und keine Schwäche. Sobald sie die Stufe der Engel beschritten haben, leben sie in einem sich fortwährend entfaltenden Zustand der Reife.

Engel spielen in unserer Entwicklung eine besonders wichtige Rolle, da sie unser Schicksal und unsere potentiellen Möglichkeiten besser erfassen als wir. Sie erkennen unseren Lebensplan, und ihre Aufgabe besteht darin, uns bei dessen Erfüllung zu unterstützen. Beständig weisen sie uns mittels Eingebungen auf Gelegenheiten hin, die wir ohne ihr Eingreifen übersehen würden. Wir sollten unsere Gedanken zu ihnen emporheben, denn sie dienen unablässig und in selbstloser Freude allem Leben auf diesem Planeten, wozu auch wir Menschen gehören.

Im Alter von etwa zehn Jahren erhielt Flower wiederholt Anweisungen von ihrem Schutzengel, was ihre Erziehung beschleunigte. Er ermutigte sie, sich den Pfadfindern anzuschließen sowie verschiedene Gottesdienste und kulturelle Ereignisse zu besuchen. Er hielt sie sogar dazu an, ihre spärlichen Geldmittel für einen Teller Suppe in einem der vornehmsten Restaurants auszugeben, um auf diese Weise gesellschaftliche Umgangsformen zu erlernen.

Die kostbarste Lektion, die uns Engel lehren, besteht in ihrem lebhaften Sinn für selbstlosen Dienst. Das Engelreich zeichnet sich vor allem durch Altruismus aus, eine Eigenschaft, die sich unter den Menschen nur selten finden läßt. Engel geben sich bedingungslos der Anbetung Gottes hin. Stets streben sie danach, Gottes Willen zu erkennen und diesen genau auszuführen. Sie besitzen unmittelbaren Zugang zur Wahrheit und öffnen sich unablässig für die schöpferischen, glorreichen und überströmenden Energien Göttlicher Intelligenz.

Aktivitäten der Engel

Die Zartheit, das Mitgefühl und die absolute Reinheit der Engel beeindruckten Flower am stärksten. Diese Eigenschaften berühren die Menschen ebenso wie die Tiere oder Bäume. Alles Leben auf Erden empfängt von diesen wundersamen Wesen das gleiche Maß an sorgetragender Aufmerksamkeit, wie der unschuldigste oder bedürftigste Mensch. Engel geben sich ganz der Schöpfung Gottes hin, sie behalten nichts zurück.

Sie dienen in selbstloser Begeisterung. Sie sind nicht mit einer Persönlichkeit behaftet, die halsstarrig, stolz und töricht ihren eigenen Weg geht. Sie leiden nicht unter einem ehrgeizigen, kleinlichen oder furchtsamen Ego. Sie existieren ausschließlich zum Lobe Gottes und der Göttlichen Gerechtigkeit.

Wir befinden uns ständig und überall in der Gegenwart von Engeln, denn ihre Aufgabe besteht in der Sorge um das Wohl des Lebens auf Erden. Ihre Anzahl übersteigt bei weitem die der Menschen. Sie nehmen sofort unsere Bedürfnisse und unsere Aufnahmebereitschaft wahr. Sowohl in Prüfungen als auch in widrigen Umständen stehen sie uns augenblicklich zur Seite, ungeachtet dessen, ob wir uns ihres Dienstes bewußt sind oder nicht. An den von den Weltreligionen begangenen Feiertagen ergießen die leuchtenden Wesen besondere Energieströme über die Gemeindemitglieder, was deren Verbindung mit dem Höchsten neu belebt. Wann immer Staatsoberhäupter eine wichtige Entscheidung zu treffen haben, so finden sich Engel ein, um auf das Ergebnis Einfluß zu nehmen. Wie enttäuschend dieses bisweilen auch sein mag, ohne die Hilfe der Lichtboten wäre so manche menschliche Beratung noch negativer ausgefallen.

Selbst in unserem gewöhnlichen Alltag sind wir von Engeln umgeben. Wartend halten sie Ausschau nach Anzeichen unserer Bereitschaft, zu verstehen und zu lernen, Einsicht zu gewinnen und das zu ändern, was der Veränderung bedarf. Unverzüglich eilen sie zur Hilfe, wenn wir uns in Not befinden, einer Prüfung unterziehen müssen oder in Gefahr schweben. Wüßten wir um die zahllosen Dienste dieser himmlischen Wesen, wir wären bestürzt über die Tatsache, wie häufig sie eingreifen. Die beste Gegengabe für ihre wunderbare Obhut ist unsere Dankbarkeit.

Abgesehen von wenigen Ausnahmen, vertrauen die Engel auf unsere Intuition, um uns zu unterweisen. Menschliches Denken, besonders seine kreativere Ausdrucksform, beruht auf der Arbeit des Schutzengels oder jener Engel, die dem Geist der Wahrheit dienen. Sie schaffen ätherische Energiefelder, die sogenannten Gedankenformen. Diese treten in den Mentalbereich der menschlichen Aura und veranlassen das Bewußtsein empfänglicher Individuen, ihr Vorhandensein zu erkennen. Es handelt sich dabei um jene Gedanken, die „aus heiterem Himmel" kommen, ein Zeichen dafür, daß nicht unsere eigene Klugheit am Werke war, sondern die Inspiration einer Höheren Intelligenz. Selbst wenn wir solche Ideen aus dem Engelreich erhalten, nehmen wir sie nicht immer vollständig auf, da die Botschaft im Zuge der Auslegung teilweise verlorengeht.

Seltsamerweise mißlingt in unserem Leben trotz aller Obhut vieles. Die Frage erhebt sich, warum das Erdendasein nicht reibungsloser und sicherer verläuft, wenn die Engel doch alles vermögen und allgegenwärtig sind. Diese himmlischen Wesen dürfen nicht in den freien Willen des Menschen eingreifen. Sie können uns auf gewisse Dinge aufmerksam machen, uns warnen oder inspirieren, niemals aber unsere unklugen oder unbesonnenen Handlungen aufheben. Falls die Begleichung einer karmischen Schuld aus der Vergangenheit ansteht, dann können die Engel uns nur ermutigend helfen, die Verpflichtung konstruktiv zu erfüllen.

Die Naturwoge

Bisher haben wir uns mit den drei „Wogen himmlischen Lebens" beschäftigt, die unmittelbar auf die Menschheit und ihre Entwicklung ausgerichtet sind. Die Engel der Natur zeichnen sich vor allem dadurch aus, daß sie mit den vier Elementen Erde, Feuer, Luft und Wasser arbeiten. Auch die jüngeren Formen, bekannt als Naturgeister, entstammen der Naturwoge. Die Deva-Evolutionslinie beschreitend, werden sie schließlich in die Schar der Engel erhoben und dienen einer der vier Hauptwogen. Die Natur bildet also das Samenbeet, aus dem der Schöpfer neue Generationen himmlischer Helfer hervorbringt.

Bei den Naturgeistern handelt es sich um winzige Wesen, die den Planeten durchdringen und buchstäblich allem, was die vier Elementarreiche bildet, Leben und Kraft einhauchen. Erd-, Luft-, Wasser- und Feuer-Entwicklungslinie bilden das Zuhause für Wesen der Deva-Evolution, bevor sie die Stufe der Engel betreten.

Elementarwesen und Engel der Naturwoge konzentrieren sich fast ausschließlich auf ihren eigenen Wirkungsbereich. Ein Kontakt mit den Menschen ergibt sich nur rein zufällig. Sie nehmen natürlich unsere respektvolle Beachtung ihres Dienstes anerkennend wahr, ansonsten aber bleibt die Menschheit im Hintergrund. Doch es gibt Ausnahmen, in denen sie unweigerlich in die Handlungsweise des Menschen verstrickt werden und zwar, wenn dieser die Natur mißbraucht. Ansonsten aber stellt das Naturreich, dem wir uns im Folgenden zuwenden wollen, eine Welt für sich dar.

Waldbewohner

2
Zauber der Natur

Von jenen vier Pfaden, die uns berühren, besitzt die Naturwoge die größte Mannigfaltigkeit in Form und Aktivität. Den meisten Menschen mangelt es an einer persönlichen Beziehung zu dieser Sphäre. Es ist daher von größter Wichtigkeit, die trennende Kluft zwischen Natur und Mensch zu überbrücken. Unsere dankbare Anerkennung der Naturengel kann dazu beizutragen.

Die Natur wird mehr oder weniger als selbstverständlich hingenommen. Man erfreut sich zwar ihrer landschaftlichen Reize und Erholungsmöglichkeiten, übersieht jedoch, daß sie zu erleuchten und zu transformieren vermag. Sie schenkt der wachen Seele eine Palette der Erfahrung und Offenbarung. Um eine derartige Ebene der Bewußtheit zu erlangen, muß man lernen, dieses Reich jenseits seiner Oberfläche zu erspüren, indem man sich in den Herzschlag des Augenblicks einschwingt.

Nehmen wir diese Welt mit den inneren Augen wahr, dann erkennen wir, daß es dort nichts Alltägliches gibt. Wir können, wie der Dichter und Mystiker William Blake es ausdrückt, „eine ganze Welt in einem Sandkorn und den Himmel in einer Wildblume sehen".

Ein feinfühliger Mensch nähert sich der Natur mit Ehrfurcht, nicht mit nachlässiger Gleichgültigkeit. Er sieht in ihr eine heilige Schöpfung Gottes, die geachtet und geschätzt werden muß. Dann kann die Natur uns Lehrerin und Priesterin sein. Diese Erfahrung machten zahlreiche Mystiker und Metaphysiker, wie zum Beispiel Henry David Thoreau, John Muir, Edwin Way Teal, John Burroughs, Sam Campbell und Hal Borland. Man sollte sich in die Gedanken dieser Pioniere vertiefen, da sie zu den Pfadfindern gehören, die das sich entfaltende Wissen der Menschen um die Natur bestärken. Flower ermahnt uns, alljährlich das Werk eines dieser Seher zu studieren und jene Passagen anzustreichen, die unsere Augen für die Wahrheiten der Natur öffnen. Vor Beginn eines Ausflugs in eine bestimmte Landschaft ist es ratsam, jene Abschnitte nochmals durchzugehen, um Nutzen aus unseren Erfahrungen und Erlebnissen zu ziehen.

Im Heiligtum der Natur

Die Ferienzeit bietet eine ausgezeichnete Gelegenheit, Gott in der Natur zu entdecken.

Diese Zeiten der Entspannung und Befreiung von unseren äußeren Verpflichtungen und Routinearbeiten bieten uns die Möglichkeit, Orte aufzusuchen, die innere Erneuerung und Offenbarung versprechen. Wir können Gottes Handschrift in der Majestät der Berge und der Feierlichkeit der Wälder ebenso entdecken, wie in den stillen Seen, den fröhlichen Bächen und den leuchtenden Blumenwiesen. Ferien erlauben es uns, Gottes herrliche Natur zu betreten, beseelt von dem Wunsch, zu sehen und zu hören und den Zauber der Sphärenklänge zu vernehmen. Öffnen wir unsere inneren Sinne, dann vermögen wir die Zeichen und Symbole der Natur zu erkennen, die uns die Sprache Gottes in zarten Rhythmen enthüllt, im Gesang des Windes, der durch die Bäume streift und im Ruf der Vögel.

Sind unsere Beweggründe lauter und andachtsvoll, dann vermögen uns die Berührung mit der Wahrheit und Einblicke in die Schöpfung zu transformieren. Selbst ein zeitloser Moment mag uns in eine andere Dimension erheben, in der wir eins werden mit dem Schöpfer. Jene Menschen, denen ein solcher Augenblick der Offenbarung zuteil wurde, berichten nicht nur vom Stillestehen der Zeit, sondern ebenfalls vom Hervorbrechen einer strahlenden inneren Schönheit aus ansonsten alltäglichen Dingen wie Bäumen und Blumen.

Nicht die Erfahrung an sich zählt, sondern der Wandel unserer Motivation und Erwartungen. Die wahre Glorie der Natur zu erleben, vermag Unwissenheit und Oberflächlichkeit, die beiden größten Feinde der Erleuchtung, hinwegzufegen. Dann erst lernen wir, mit den inneren Sinnen das zu erfassen, was die Natur uns lehrt.

Die Heilkraft der Natur ist eines ihrer größten Geschenke. Nicht nur unser Körper reagiert auf ihre erneuernden Energien, sondern auch unsere aufgewühlten Gefühle und kummervollen Gedanken werden besänftigt. Sind wir erschöpft und bedürfen frischer Kraftreserven, dann suchen wir am besten das Gebirge auf. Innere Spannung und Nervosität finden Linderung am Meer. Die Natur zeigt sich stets empfänglich und hilfreich, solange wir ihr ehrfurchtsvoll gegenübertreten. Wir brauchen uns nicht darum zu sorgen, ob wir den rechten Eindruck machen oder Erwartungen erfüllen. Das sind menschliche Überlegungen. In wohlwollender Weise nimmt sich die Natur unserer Unvollkommenheit an; und wenn wir dann jene höchste Ebene der Ehrerbietung und Einheit mit diesem wunderbaren Reich erlangt haben, dann erreichen wir einen Punkt, an dem wir aus uns selbst heraustreten. Heilung auf feinster Ebene findet statt. Wir beschäftigen uns nicht mehr mit uns selber, sondern werden wundersam geläutert und von Gleichgültigkeit, Kleinlichkeit, Schäbigkeit und Aggression befreit.

Die Natur bildet aufgrund ihrer Reinheit und ihres Kräftereservoirs ein ausgezeichnetes Umfeld für Heilung. Obwohl sich die Arbeit der Naturengel nicht unmittelbar auf das Heilen von Menschen bezieht, fühlen sie sich zu Individuen hingezogen, die für Erneuerung offen und empfänglich sind. Es gibt jedoch eine Engelgruppe, deren besondere Verantwortung darin liegt, die Gebete oder unausgesprochenen Bedürfnisse einzelner Personen zu beantworten. Naturengel aber halten sich in jenen Gebieten auf, die erneuernde Energien ausströmen, von denen jene Menschen angezogen werden, die nach innerer Erbauung und verbessertem Wohlbefinden suchen.

Naturenergien

Die unterschiedlichen Energien des Naturreiches verleihen jedem Gebirge, jedem Baum, jedem geographischen oder ökologischen Gebiet eine bestimmte, individuelle Note. Die jeweiligen Ausstrahlungen der einzelnen Landschaftsgebiete zu erkennen, erweist sich als lohnendes Abenteuer. Die Bergwelt bietet eine Vielfalt an Energien. Ein bestimmter Berg mag das Gotteslicht in die Atmosphäre ausstrahlen und der Ort somit zur Meditation einladen. Ein anderer Berg hingegen mag eine Kraftquelle zur Belebung der einzelnen Atome des gesamten Seins eines Menschen darstellen; und wieder ein anderer mag dazu beitragen, den Egoismus zu überwinden. In welcher Naturgegend wir uns auch aufhalten mögen, stets sollten wir darauf bedacht sein, stille zu werden und nach dem Grundton des jeweiligen Ortes zu fragen. Wenn wir geduldig auf eine Antwort warten und ruhig und bescheiden lauschen, dann werden wir diesen erkennen.

Aus der Fülle dieses unermeßlichen Naturreiches mit seinen zahllosen Wesenheiten, ergießt sich ein mächtiger Strom kreativer Energie, unerschöpflich und unaufhaltsam, der ätherische, alles

Leben erhaltende Treibstoff. Wenn wir den Tempel der Natur betreten, werden unsere Auren in diesen Energiespeichern magnetisch aufgeladen. Die Natur bildet nicht nur eine Quelle der Wärme, Erhaltung und Behausung für unseren physischen Körper, sondern nährt auch unsere Gefühle, unseren Verstand und unsere Seele.

Bäume besitzen ebenso wie Berge einzigartige und wichtige Energien. Nach Mensch und Tier handelt es sich bei den Bäumen wohl um die bedeutendste Lebensform auf diesem Planeten. Je größer unsere Liebe für Bäume, desto eher werden wir die Baum-Devas erkennen, die über sie wachen. Baum-Devas sind eine faszinierende Schar von dienenden Wesen, die sich auf gleicher Entwicklungsstufe befinden wie die meisten Menschen. Durch unsere aufrichtige Liebe zu den Bäumen, für die sie sorgen, lernen wir sie kennen. Mit jedem Baum, den wir pflanzen, erweitern wir den Kreis ihres Dienstes und gewinnen ihren Segen.

Vor einigen Jahren gab uns Flower ein Beispiel, wie kostbar Bäume sein können. Man bot ihr an, ein neues, modern ausgestattetes Haus für sie in Questhaven, und zwar an einem Ort ihrer Wahl, zu bauen. Sie dachte einige Tage darüber nach und wies das Angebot mit der Begründung zurück, daß sie es wohl zu schätzen wisse, aber ihre Bäume, die sie gepflanzt hatte und die ihr ans Herz gewachsen waren, nicht verlassen könne.

Die am weitesten fortgeschrittenen Bäume sind die Immergrün. Sie ziehen die höchstentwickelten Devas an. Vor allem die Redwood- und Sequoia-Wälder werden von strahlenden Lichtwesen eingehüllt. In der Gegenwart dieser majestätischen Giganten zu stehen, gleicht dem Aufenthalt in einer geweihten Kathedrale von überwältigender Schönheit. Nichts aus der Hand des Menschen läßt sich mit der Heiligkeit großer Bäume vergleichen.

Gleichgültig welchen Platz in der Natur wir aufsuchen mögen, es findet immer eine Kommunikation statt. Mit entsprechender Aufmerksamkeit werden wir erkennen, wie lebendig und rege Bäume sind, besonders jene, die den Devas eine Wohnstatt bieten. Diese

Wesen reagieren auf Menschen, die den Wald ehrfürchtig und aufgeschlossen betreten und ihn zu würdigen wissen. Doch wieviele Menschen besitzen kein Gespür für die schlichte Tatsache, daß alles Leben miteinander verknüpft ist. Auf den Bäumen jedoch ruht ein besonderer Segen, was auf ihrer Wesensverwandtschaft mit den Devas beruht. Wässern wir an einem sengenden Sommertag einen Baum, dann können wir beobachten, wie seine Aura vor Entzükken und Dankbarkeit förmlich aufleuchtet.

Der Besuch unbekannter Berge, Wälder und sogar Länder wirkt erfrischend und stimulierend. Neue Bereiche auszukundschaften, vor allem wenn sie eine besondere Anziehungskraft besitzen, erfüllt uns mit Begeisterung. Bei der Planung einer solchen Reise sollten wir zwar vielversprechende Gegenden aussuchen, uns aber andererseits bewußt sein, daß sich die subtilsten Erfahrungen oft völlig unvorhergesehen einstellen. Auch Berichte von Naturfreunden über die ihnen vertraute Landschaft, die wir besuchen möchten, können unsere Erfahrungen bereichern.

Das Besondere an der Natur ist ihr Friede und ihre Offenheit. Der Bibelspruch: „Der Friede Gottes, der alles Verstehen übersteigt...", scheint sich vor allem in bezug auf eine Bergwiese, einen Berggipfel, die Kathedrale eines Waldes oder ein ähnliches Heiligtum in Gottes Schöpfung zu bewahrheiten. Jung oder alt, reich oder arm, hübsch oder nichtssagend, die Natur empfängt alle mit offenen Armen und achtet weder auf unsere Talente noch auf unsere Mängel. Niemand wird bevorzugt behandelt, aber auch niemand vernachlässigt oder zurückgewiesen. Das Hauptthema der Natur besteht im Zyklus von Wiedergeburt und Erneuerung. Wir beobachten ihn im Sonnenaufgang und im Sonnenuntergang sowie im Wechsel der Jahreszeiten. Dem Horizont unserer persönlichen Zukunft entgegenstrebend, fühlen wir ihn in unserem eigenen Leben.

Die Gaben der Natur

Wir müssen also hinter den Schleier der physischen Welt blicken können, um uns der Freigebigkeit der Natur zu erfreuen. Ehrfurchtsvolles Einschwingen und erwartungsvolle Aufmerksamkeit ermöglichen es uns, einen Blick in ihre Schatzkammer zu werfen. Doch das bedeutet nicht, daß wir die Schwelle ein für allemal überschritten haben. Es gleicht eher dem Emporsteigen einer Treppe. Mit zunehmender Erweiterung unseres Bewußtseins und Veredelung unserer Motivation gewinnen wir immer tiefere Einblicke. Inneres Schauen ist eine Frage unseres persönlichen Wachstums. Je mehr wir, in Form unserer eigenen Entfaltung, geben, desto mehr werden wir empfangen, das heißt, wir werden jedesmal ein wenig mehr erschauen dürfen.

Der Schöpfer beurteilt uns nicht nach unseren weltlichen Errungenschaften, wie Ruhm, Vermögen, Rang und Namen, sondern allein nach unserem inneren Wachstum, das auf jenen Wahrheiten beruht, die wir berührt haben. Die in ihrer Entwicklung rascher voranschreitenden Menschen geben sich dem Erlernten vollkommener hin. Sie leben jeden einzelnen Wahrheitsaspekt, den die Natur ihnen offenbarte. Diese Menschen weiht die Natur in ihre Wunder ein.

Flower hat die Veränderung beschrieben, die sich in unserer Aura vollzieht, wenn wir bestimmte Gegenden aufsuchen. In Reaktion auf die majestätische Schönheit der Bergwelt zum Beispiel, dehnt sich die normalerweise unseren Körper nur wenige Zentimeter überragende Aura um das Doppelte oder sogar Dreifache aus und schillert in strahlender Farbenpracht. Dringen wir tiefer in die Wunderwelt der Natur vor, dann beginnt die Aura die Farbtöne des jeweiligen Ortes zu absorbieren. Die reinen Schwingungen vermitteln ein Gefühl des Friedens und der Erneuerung, was auf die Aktivität der dort beheimateten Engel und Naturgeister zurückzuführen ist. Diese Lichtwesen bemerken uns kaum, da ihr selbstloser

Dienst sie völlig in Anspruch nimmt. Doch wie ein sanfter Frühlingsregen reinigen jene himmlischen Energien, deren Farben unserem physischen Auge oft verborgen bleiben, unsere Aura und geben ihr neue Spannkraft.

Eine Blumen-Elfe

Auch sammeln sich archetypische Bilder, die den jeweiligen Charakter der Naturwesen einer bestimmten Region widerspiegeln, in unserer Aura an. Flower erzählte von einem ihr befreundeten Ehepaar, daß die abgelegene „Weiße Bergkette“ Zentral-Kaliforniens besuchte. Dort sind die ältesten Bäume der Welt, die Bristlecone-Pine, zu Hause. Heftig weht der Wind über die etwa dreitausend Meter hochgelegene rauhe Landschaft, die unberührt und unverdorben ist. Bei der Rückkehr des Ehepaares entdeckte Flower in deren Auren kristalline, die Mentalebene belebende Symbole, Widerspiegelungen der außergewöhnlichen Naturwesen jener Region.

Unser Geburtstag erweist sich als eine besonders günstige Zeit, auf Eingebungen der Natur zu lauschen. Wir scheinen uns besser einschwingen zu können, sind aufnahmefähiger und aufgeschlossener. Vielleicht schenkt uns die Natur an einem solchen Tage sogar einen kurzen Einblick in das, was vor uns liegt, in welchen Zyklus wir eintreten werden oder welche Dinge in unserem Leben der Transformation bedürfen. Der Geburtstag ist ein Tag innerer Eingebungen und Einsichten.

Die Natur bevorzugt niemanden. Je größer unsere Bescheidenheit, desto mehr dürfen wir lernen. Wenn sich unsere Aura spontan öffnet, dann können wir empfangen, da wir für die uns umgebenden Wunderdinge empfänglich werden. Je zahlreicher die Wege sind, Gott zu finden, desto mehr vermögen wir aufzunehmen und desto weniger kreisen unsere Gedanken um uns selber, was nur unsere innere Wahrnehmungsfähigkeit vernebelt.

Der wahre, stets aufnahmebereite Mystiker kennt keinen Egoismus. Mit den Augen der Seele zu schauen, bewirkt zunehmende Selbsthingabe.

Die Natur offenbart ihre Botschaften überall, wir brauchen nur unser Herz für ihre Wirklichkeit zu öffnen. Die Erfahrung solcher goldenen Momente sollten wir niederschreiben, damit sie anderen als Fußspuren dienen mögen.

Wer könnte uns besser die Tugend der Geduld lehren als die Natur. Wir brauchen nur das Vorbeischreiten der Jahreszeiten zu beobachten. Von ihr lernen wir Toleranz, denn sie bejaht jegliche Lebensform. Sie ist es, die uns lehrt, Sorge zu tragen. Ihre Fürsorge übersteigt menschliches Vermögen. Wir sollten ihr unseren Kummer und unsere Mühsal anvertrauen. Sie antwortet uns in einzigartiger Weise. In jedem Falle aber sollten wir mit der Natur enge Freundschaft schließen, eine Beziehung, auf die wir immer bauen können.

Treten wir der Natur ehrfurchtsvoll gegenüber, dann steht sie uns wie eine Mutter zur Seite. Sonnenaufgang, Regen, Mondschein oder der Jahreswechsel, ein mächtiger, freundlicher Baum oder eine Schneeflocke, die brausenden, dufterfüllten Winde und die Lieblichkeit der winzigsten Blume werden uns aufheitern und uns an den Schöpfer erinnern, der selbst jene Orte mit solchen Wundern schmückt, die kein menschliches Auge erblickt. Und das alles um der Göttlichen Freude willen.

Ein Frakin bei der Morgenarbeit

3
Das Reich der Erde

In diesem Kapitel werden wir die vier Naturreiche, das der Erde, der Luft, des Wassers und des Feuers, mit den Augen von Flower betrachten. Jedes einzelne Reich besitzt seine eigene Hierarchie, angefangen von winzigen Elementarwesen, die die grundlegenden Aktivitäten ausüben, bis hin zu den herrlichen Engeln, die über weite Gebiete im Bereich ihrer Verantwortlichkeit wachen. Ebenso wie sich der Mensch in der Obhut der Beschützer oder Schutzengel befindet, wird alles, was in der Natur wächst, selbst die Minerale, unermüdlich von Scharen unsichtbarer Diener betreut.

Keines der Naturwesen verfügt über einen freien Willen in der Form, wie er der Menschheit zu eigen ist. Sie kennen und beachten nur den Willen Gottes, den Willen des Guten. Aus diesem Grunde zieht sich durch das ganze Reich der Engel – vom höchsten bis zum unentwickeltsten Wesen – ein Strom direkten Gehorsams dem Willen des Höchsten gegenüber. Bei der Evolution der Engellinie handelt es sich um einen langsamen doch zuverlässigen Entwicklungspfad.

Die Angehörigen aller vier Reiche entwickeln sich aus der jeweils niedersten Form.

Alles Wachstum steht in der Obhut der Engel im Reich der Erde. Ihre sanfte, liebevolle Pflege läßt das schlichte Gras und zarte

Moos ebenso wachsen und gedeihen wie die Redwoods und Sequoias. Diese lichten Wesen kümmern sich ebenfalls um die weniger augenfälligen, aber gleichermaßen wichtigen Minerale, die alltäglichen und die kostbaren, die den Körper unseres Planeten formen.

Elementale

Die unterste Stufe bildet eine Gruppe von winzigen Wesen, bekannt als Elementale. Im Reich der Erde bestehen diese aus der geistigen Essenz der Pflanzen und Minerale. Am Anfang sind sie winzig klein. Mit der Zeit jedoch erreichen sie eine Größe von bis zu dreißig Zentimetern. Auf dieser Stufe sind sie zwar empfindungsfähig, müssen aber noch Intelligenz entwickeln. Instinktiv reagieren sie auf die Anweisungen fortgeschrittener Wesen, die ihre Tätigkeiten überwachen.

Unzählige Elementarwesen bevölkern unsere Erde. Gehorsam und widerstandslos dienen sie der Gotteskraft, die die Natur regiert. Es bleibt ihnen unverständlich, warum der Mensch nicht ebenso handelt. Müdigkeit und Muße sind ihnen unbekannt. Ihre zunehmende Begeisterung fördert ihre Entwicklung innerhalb der Engellinie und läßt sie wachsen. Irgendwann beginnt so etwas wie Intelligenz in ihnen aufzukeimen. Sie stehen an der Schwelle zur Welt der Devas.

Über die Erd-Elementarwesen gibt es mehr Geschichten als über die Bewohner der anderen Reiche. Diese kleinen Wesen tauchen in Märchen und im Volksgutschatz auf. Vor allem die irischen Legenden sind reich an Geschichten über Zwerge. J.R.R. Tolkiens Erzählungen von Bilbo, dem Hobbit, und von Mittelerde setzen diese Tradition fort. Elementarwesen erkennen die Motive des Menschen und sind nicht immer angetan von dem, was sie sehen. Eine Anhäufung zerstörerischer menschlicher Gedanken oder der

Gehorsamsverweigerung verwirrt sie ganz besonders. Sie bemühen sich, die Erde von dererlei Verirrungen zu säubern. Aber die negativen Folgeerscheinungen fehlgeleiteter menschlicher Emotionen und Motivationen äußern sich nur zu oft in Wirbelstürmen, Erdbeben und allen Arten von sogenannten Naturkatastrophen.

Bei den Elementarwesen der Erde handelt es sich gewöhnlich um zauberhafte, allerliebst anzuschauende Geschöpfe. Beunruhigt sie allerdings die Selbstsucht eines Menschen oder das Leiden eines Tieres, dann zeigt sich das ganze Wesen besorgt und verrunzelt. Dieser Ausdruck verschwindet jedoch bald wieder, da sie von den Engeln, die für sie verantwortlich sind, ermahnt werden, diese Gefühle sofort loszulassen, weil sie keinem aufbauenden Zweck dienen. Stattdessen sollen sie eine Art Anstoß oder Impuls zum Guten hervorrufen, der die Ursache der Selbstsucht oder des Leidens auszugleichen vermag.

Auf ihren Spaziergängen hat Flower viele Elementarwesen beobachtet. Überall wimmelt es von ihnen, und sie sind so alltäglich wie Gräser und Blumen. Emsig gehen sie ihrer Arbeit nach, ohne dem Menschen große Beachtung zu schenken. Diese entzückenden Geschöpfe ergießen eine leuchtende Geschäftigkeit über die Landschaft. Ihre Erscheinungsform verändert sich mit der Örtlichkeit, doch eine lichte Essenz ist ihnen gemeinsam, die an Schmetterlinge in einer Blumenwiese erinnert. Ihr zartes kleines Gesicht strahlt helle Freude aus. Während ihre Hände und Füße ebenfalls sichtbar sind, verfließt das, was man ihren Körper nennen könnte, in sanft schimmernden Lichtwolken.

Erd-Elementarwesen erwarten vom Menschen Selbstlosigkeit. Selbstsucht stößt sie ungemein ab. Diese Eigenschaft entzieht sich ihrem Verständnis. Um in Einklang mit ihnen zu schwingen, muß der Mensch vor allem Großzügigkeit entwickeln. Flower hat beobachtet, wie diese winzigen Wesen sogar das Zuhause einfacher und von Herzen guter Leute betraten, was man durchaus als eine Ehre betrachten kann.

Elementarwesen tragen zur Atmosphäre und zum Umfeld unseres Wohnortes bei. Wenn wir diesen verlassen und eine Gegend bereisen, in der andersartige Wesen leben, dann kann es geschehen, daß wir eine Art Heimweh empfinden. Als Flower den pazifischen Nordwesten besuchte, fühlte sie trotz der sie umgebenden herrlichen Landschaft eine gewisse Sehnsucht nach Südkalifornien. Das überraschte sie, und sie fragte ihren Schutzengel nach der Ursache ihrer Reaktion. Dieser erklärte, daß sie die Energie der im Südwesten und in Mexiko beheimateten Elementarwesen vermisse, die mit größerem Eifer und Enthusiasmus am Werke sind als die eher passiven Wesen im Nordwesten und Osten der Vereinigten Staaten.

Auch im Mineralreich dient eine riesige Schar von Elementarwesen. Die Helligkeit in ihrer Herzgegend, ein Zeichen ihres selbstlosen Wirkens, fällt ganz besonders auf. Sie besitzen einen kindlichen Körper, obgleich ihr Antlitz nicht immer jugendlich aussieht. Ihre Aufgabe besteht darin, die jeweiligen Eigenschaften eines Minerals zu pflegen und zu verfeinern. Häufig spezialisieren sie sich auf ein einziges Mineral, wie Kupfer, Eisen, Gold oder Silber. Besonders hervorzuheben sind jene Wesen, die sich mit wertvollen Edelsteinen beschäftigen, die eine gesteigerte Vervollkommnung eines Minerals darstellen, vergleichbar mit den Redwoods und Sequoias der Pflanzenwelt. Doch diese hingebungsvollen Diener sorgen für alle Minerale in gleicher Weise, ungeachtet ihres Wertes nach menschlichem Ermessen.

Die Elementarwesen entwickeln sich schließlich zu den *Frakins,* gewöhnlich auch als Elfen bezeichnet. Sie haben etwa eine Größe von zwanzig bis dreißig Zentimetern. Es sind wunderschöne Geschöpfe von kindlichem Aussehen, das weibliche oder männliche Eigenschaften ausdrückt. Die Frakins sind, wie alle Wesen, die einen ätherischen Körper tragen, Geburt und Tod ausgesetzt. Im Gegensatz zu den Menschen werden sie jedoch nicht von einer Mutter geboren. Sie werden von höheren Intelligenzen geformt, die sie aus elementarer ätherischer Essenz gestalten. Sie leben in der ätherischen Hülle der Erde für ungefähr ein Jahrhundert und tragen die Verantwortung für blühende Pflanzen, Gräser und die geringeren Pflanzenformen.

Die Aufgabe der Frakins besteht darin, die einfachsten Zellen des Lebens vom ätherischen Plan mit Energie zu versorgen. Ihr rhythmisches Atmen übt einen Einfluß auf die Oberfläche der Erde und bis etwa einen Meter unter sie aus. Frakins und andere Elementarwesen dienen dem pflanzlichen Leben, indem sie es imprägnieren, stärken und mit Energie versehen. Diese Arbeit wird nicht mit den Händen, sondern durch den Rhythmus des Atems versehen.

Flower verbrachte viele Stunden in Betrachtung der Arbeit dieser entzückenden Wesen. Sie berichtet von folgender Begebenheit: „Als ich von meinem neben der Kirche gelegenen Arbeitszimmer nach Hause ging, erblickte ich nahezu hundert dieser Naturgeister. Ich hielt inne und beobachtete, wie sie sachte von Blüte zu Blüte flogen. Vor mir lag ein bunter Blumenteppich. Ein zarter, lyrischer Ton hing über dem blauäugigen Gras. Die Lieblichkeit dieser emsigen Besucher verzauberte mich."

Elfen und Gnomen

Die nächste Stufe über den Frakins bilden die *Elfen.* Sie sind größer als die Frakins. Ihre Vitalität ist stärker und ihre Form mehr ausgeprägt. Ihre Größe beträgt fünfunddreißig bis fünfzig Zentimeter. Wie bei allen diesen kleinen Wesen vergrößert und verkleinert das beständige Ein- und Ausatmen ihre Körperhöhe in jedem Moment. Bei der Atmung in der Welt der Naturengel handelt es sich um einen langsameren und tieferen Prozeß als jenen, den der Mensch kennt. Den Elfen ist die Sorge um größere Pflanzen und Büsche anvertraut, die eine Höhe von vier Metern oder mehr erreichen. Jedesmal, wenn sie sich von einem Gewächs ihres Verantwortungsbe-

Eine Blumen-Elfe

reichs zum nächsten begeben, wird in der ätherischen Hülle dieser Pflanze eine Zirkulation angeregt und dadurch das Leben erhalten und gestärkt.

Gnomen sind weiter entwickelt und auch größer als Elfen. In den Erzählungen für Kinder und im Volksgut werden Wesen aus dieser Gruppe gelegentlich auch „Heinzelmännchen" genannt. Gnomen entsprechen wohl kaum den phantasievollen Vorstellungen mancher Leute. Anstelle von Kleidung sind sie mehr mit einer Erscheinung angetan, die an Blumen und Blätter erinnert. Sie sprechen sehr auf sorgsame Führung an und sind weiter entwickelt als die intelligentesten Haustiere. Sie leben für mehr als dreihundert Jahre. Untereinander geben sie sich Namen und kämpfen mit ihren Freuden, Ängsten und Enttäuschungen in vergleichbarer Weise wie die Menschen.

Gnomen halten sich in der ätherischen Welt in der Nähe von Felsen auf, die oberhalb und unter der Erdkruste liegen. Ihr Ruf zur Tat lautet: „Erwachet! Erwachet, all ihr schlafenden Formen – öffnet euch dem Leben!"

Um in engeren Kontakt mit den Naturwesen zu gelangen und von ihnen beachtet zu werden, muß man sich ihren speziellen Arbeitsgebieten zuwenden und ein echtes Interesse daran entwickeln. Zeigt ein Mensch seine Liebe für den Ackerboden und das, was er hervorbringt sowie für die Felsformationen, majestätischen Berge und grünen Wälder, dann werden ihm himmlische Hüter der Natur sorgende Beachtung schenken. Sollte sich einer der Gnomen für einen Menschen interessieren, mag er seine Reichtümer diesem menschlichen Freund enthüllen. Sie mögen recht bescheiden ausfallen oder aber ein Mineralvorkommen von beachtlichem Wert darstellen.

Auf ihren Wanderungen in der Natur hat Flower oft symbolische „Schätze" gefunden – ein besonders schön geformtes Holzstück, einen Stein oder ein wenig Baumrinde. Häufig war es ein Gnom oder ein anderes Naturwesen, daß sie auf derartige Gegenstände hinwies. Jeder Fund besaß eine spezielle Bedeutung. Der jeweiligen Bewußtseinsebene der Person entsprechend, könnte ein Holzstück mit einem Astloch, zum Beispiel, das dritte Auge, die Hellsichtigkeit, symbolisieren oder aber das klare Erkennen eines Gefühlszustandes. Einmal brachte Flower ein recht umfangreiches Holzstück heim. Es erinnerte so deutlich an den Kopf eines Einhorns, daß jeder, der es sah, annahm, es handelte sich um ein menschliches Kunstwerk.

Wann immer der Mensch die Ätherkräfte der Natur durch Umweltverschmutzung oder seine egoistischen Angewohnheiten vergiftet, zieht er karmische Konsequenzen auf sich. Verwandelt er aufgrund seiner Habgier einen einst hochgeschätzten geweihten Ort in ein Ödland, wird er mit ernsthaften Auswirkungen rechnen müssen. Der Mensch, der gewaltsam mit der Natur umgeht, wird auch oftmals gewaltsam durch sie getötet werden. Jener aber, der die Weisheit und Dankbarkeit des Geistes besitzt, die Natur voller Ehrfurcht zu betreten, wird herzerfrischende Loyalität und Achtung finden.

Auf ihren Wanderungen durch die Natur beobachtete Flower häufig die Elfen und Gnomen. Ein bestimmter Gnom, den sie „Poppy" nannte, zeigte sich einem Gärtner, der in Questhaven wohnte, ganz besonders zugetan. Der kleine Bursche folgte ihm auf Schritt und Tritt, beobachtete ihn bei der Arbeit und ging ihm in spaßiger Weise sogar zur Hand. Poppy pflegte auf einem Felsen zu hocken und dem Gärtner oft stundenlang zuzuschauen. Manchmal lenkten ihn andere Naturgeister oder auch vorbeilaufende Tiere ab. Doch gewöhnlich hielt er sich in der Nähe des Gärtners auf – eine recht ungewöhnliche Anhänglichkeit.

Flowers Keeshond-Hund, den sie „Liebling" nannte, schien eine besondere Anziehungskraft auf Gnomen auszuüben. Oft beobachtete sie ihn im Spiel mit diesen Naturgeistern. Eines Nachmittags, als sie lesend im Wohnzimmer saß, betrat ein Gnom das Haus. Zunächst konnte Flower niemanden sehen, hörte jedoch eine Stimme rufen: „Grufla?“ Das Wesen rief mehrere Male und wanderte dann ins Wohnzimmer. Es schaute Flower an und schien zu fragen: „Bobildink?“ – eine anmutige Einführung in die geheimnisvolle Sprache der Gnomen. Auch in diesem Falle eine Seltenheit, denn Gnomen verkehren kaum mit Menschen, da sich nur wenige auf sie einstellen.

Baum-Devas

Über den Gnomen stehen die „Baum-Devas“, eine Gruppe fortgeschrittener Naturwesen, die sich an der Schwelle zum Engelreich befinden. Sie werden oft von denjenigen, die einen flüchtigen Blick ihrer überwältigenden Erscheinung, der vibrierenden Energie und Strahlkraft erhaschen, fälschlich für Engel gehalten. Den Devas gebührt der Dank für die Schaffung und Erhaltung von Schönheit und Harmonie in der Natur. Sie sind arbeitsam, intelligent und feinfühlig.

Überall sorgen Baum-Devas für das Wohlergehen von Bäumen. Ein baumloser Ort wirkt öd und leer. Diese Trostlosigkeit beruht größtenteils auf dem Mangel an Deva-Energie. Flower erklärte einmal: „Wenn die Menschen doch nur erkennen würden, daß Bäume nicht nur zur Bereicherung der Landschaft beitragen, sondern von lichten Intelligenzen eingehüllt werden, die sie mit übernatürlichen Energien versorgen.“

Bei den Baum-Devas handelt es sich um strahlende Wesen, deren Körper, der Höhe nach, oft den Bäumen entsprechen, die in ihrer Obhut stehen. Nach unseren klassischen Schönheitsidealen ist ein Baum-Deva nicht als ‚schön‘ zu bezeichnen, da seine Gestalt zu lang und zu schmal erscheint und sein Gesicht zu dreieckig ist. Doch dafür besitzen sie etwas äußerst Kostbares – grenzenlose ätherische Energie.

Sie erscheinen als hellgrüne Geschöpfe, mit blitzenden Augen,

Ein Baum-Deva

die mit ihrer Vitalität und durchdringenden Strahlkraft auf uns eindringen. Flower verbrachte viele Stunden damit, Baum-Devas zu beobachten, wie sie von Baum zu Baum glitten, ihre lebensspendende Energie verteilend. Jene Menschen, die die Natur lieben, ziehen die Aufmerksamkeit eines Baum-Devas an und erhalten vielleicht durch ihn sogar eine Taufe mit erneuernden Lebenskräften. Wenn diese Wesen spüren, daß sie willkommen sind, dann schenken sie dem Garten und den das Heim umgebenden Bäumen ganz besonderen Segen.

Die meisten Baum-Devas fühlen sich nicht zur Stadtatmosphäre hingezogen. Sie bevorzugen ländliche und unberührte Gegenden. Dennoch gibt es einige, die für die Bedürfnisse der Bäume in den Städten sorgen. Sie haben sich an den für derartige Orte typischen Lärm und die dort herrschende Geschäftigkeit gewöhnt. Sie wirken zum Wohle der Stadtbevölkerung. Flower erinnert sich an eine bestimmte, am Fuße eines Gebirges gelegene Stadt, in deren Park ein prachtvoller Deodar Zedernbaum wuchs. Er bildete das Zuhause eines riesigen Deva, der Tag und Nacht dort weilte und einen höchst ungewöhnlichen Segensstrom über die Stadt und ihre Bewohner ergoß.

Den einzelnen Jahreszeiten entsprechend, ändern Devas ihre Tätigkeiten. Während der Sommermonate ziehen sie sich aus den von Menschenscharen aufgesuchten Parks und Wäldern in die höher gelegenen Gebirgstäler zurück. Bei Sommerende kehren sie dann zurück und setzen ihre Fürsorge fort. Herbst und Winter sind die mehr nach innen gerichteten Jahreszeiten, während es sich bei Frühling und Sommer um die gänzlich nach außen gerichteten Jahresabschnitte handelt. Die Devas spiegeln diesen Kreislauf deutlich wider.

Ihre eigene Erneuerung findet während der Nacht statt, wenn sie sich gruppenweise in bestimmten Gebirgsgegenden, bekannt als „Deva-Spielwiesen“, versammeln. Meistens handelt es sich um ein offenes Gelände, eine tiefe Senkung, die es den Devas ermöglicht, zwischen den Bäumen dahinzugleiten, was sie erfrischt und mit dankbarer Freude erfüllt. Flower hat hunderte von Devas beobachtet, wie sie am späten Nachmittag aus entfernt gelegenen Gebieten herbeiströmten, um an einem solchen Ort ihr nächtliches Ritual der Erneuerung zu beginnen.

Auf ihren Reisen lernte Flower die Vielfalt der Naturwesen in den unterschiedlichen Landschaftsgebieten unseres Planeten kennen. Die Baum-Devas in Australien sind größer und schlanker als diejenigen in Questhaven. Freundlich und liebenswürdig zeigten sie ein großes Interesse an Flower und ihrer Begleitung, die als Gäste von einem anderen Kontinent erkannt wurden. Die Aura des australischen Deva erstrahlt in einem Gelb, vermischt mit Silber sowie schillernden Farbtönen, die es in unserem Farbspektrum nicht gibt. Die Aura der Devas in Questhaven weist ein blasses Hellgrün auf, das mit zunehmender Entwicklung immer strahlender wird.

An der Westküste der südlichen Insel Neuseelands bemerkte Flower noch weitere Unterschiede. In den dichten Wäldern fanden sich die Devas in Gruppen ein. Die Freude, die ihre Gesichter ausstrahlten, zeugte davon, daß sie diese Anordnung lieben. Ebenso wie die Devas Australiens besitzen auch sie schillernde Auren, deren Strahlkraft mit fortschreitender Entwicklung zunimmt.

Devas fühlen sich in ihren eigenen Bereichen vollkommen zu Hause und gehen in der Freude an ihrem Dienst auf. Gehorsam dienen sie unter der Aufsicht von Engeln, die oft für eine große Anzahl von Devas verantwortlich sind. Die Tätigkeit dieser Wesen übt auf den Menschen, selbst auf eine Seherin wie Flower, eine ehrfurchteinflößende Wirkung aus. So berichtet sie vom Besuch der Redwoods: „Mit offenen Augen meditierend, sah ich ein großes Wesen über einer Gruppe von jungen Redwood-Bäumen auftauchen. Größer als alle anderen Devas dieser Gegend, glich es eher einem Engel im Dienste Christi. Seine Haut war von einem rosenfarbenen Weiß, und schwarzes Haar ringelte sich um seinen Kopf.

Seine Aura dehnte sich etwa dreißig Meter in alle Richtungen aus. Jeder Baum, jeder Farn, jeder grüne Halm reagierte auf seine strahlend schillernde Emanation und nahm sie auf. Selten habe ich ein solches von Liebe und Verständnis erfülltes Antlitz gesehen. Dann glitt diese wunderbare Gestalt plötzlich zur anderen Seite, mir ebenso nahe wie zuvor, doch mehr gegen Osten. Lächelnd segnete dieser Naturengel fortwährend die Myriaden wachsenden Lebens. Ich wartete, bis die Wesenheit meinen Augen entschwand. Sie war mehr als ein Deva-König. In meinem Herzen ist sie der Hüter der Redwoods."

Im Laufe der Entwicklung eines Devas gibt es eine Stufe, wenn er in das Reich der Engel aufgenommen wird. Das von Flower beschriebene Wesen gehörte zweifellos zu diesem Rang. Bei einer anderen Gelegenheit beobachtete sie in einer Waldgegend den Einweihungsritus zwischen einem solchen Engel und einem Deva. Derartige Zeremonien finden in ihrem Reich weitaus häufiger statt als in der menschlichen Evolutionslinie. Der Baum-Deva stand vor einer altarähnlichen Grotte und blickte in das Antlitz eines großen Einweihungsengels, der an einen „Engel der Gegenwart Christi" erinnerte. Der gewaltige Größenunterschied zwischen beiden war auffällig. Der majestätische Engel überragte den jüngeren Deva um vieles. Was zwischen ihnen vorging, entzog sich der Beobachtung. Doch die Liebe und Achtung, die das höhere Wesen seinem Gefährten gegenüber zum Ausdruck brachte, waren unverkennbar. Plötzlich wirbelte ein Farbregen auf. Der Deva versank förmlich darin, die lichte Pracht in sich aufnehmend. Dann verblaßte alles wieder ganz unvermittelt – und da stand der neue Engel in seiner Herrlichkeit, groß und wunderschön anzublicken, mit nichts Irdischem vergleichbar.

Das war alles. Doch Flower fragte sich, wieviele Dinge ähnlich heiliger Natur sich wohl in den inneren Welten abspielen, insbesondere in den Tiefen der Wälder und auf den Höhen der Gebirge. Falls die Barrieren, die den Menschen vom Reich Gottes trennen, durchbrochen werden könnten, schloß sie, dann würden wir in ehrfürchtiger Anbetung auf die Knie fallen.

Allrays und Allsees

Über den Baum-Devas stehen in der Engelhierarchie jene Engel, die der ganzen Natur dienen. Insbesondere zwei Gruppen wachen über das Reich der Erde. Dazu gehören die *Allrays**, die Engel der Gipfel. Sie lenken ein ganzes Gebiet durch ihren vergeistigten Willen. Sie wählen die höchsten Bergspitzen oder Hügel, von denen aus sie ihren Segen aussenden. Es handelte sich gewiß um einen Allray, den Flower bei der Einweihung eines Devas beobachtet hatte.

Bei anderen Begegnungen mit diesen erhabenen Naturengeln erfuhr sie einiges von deren Wirkweise. Sie erinnerte sich an einen bestimmten Wanderweg in einer Gebirgsgegend Südkaliforniens. Der Pfad wurde von drei schluchtartigen Wasserläufen unterbrochen, die jeweils eine Ausgießung eines der drei Allrays mitführten, die im oberen Bereich der Bergkette wohnten. Der erste Wasserlauf war von rosenfarbener Beschaffenheit, reich an Wogen der Liebe. Der zweite, smaragdgrün, vermittelte Stärke. Die türkisfarbenen Wasser des dritten Stromes besaßen eine belebende Wirkung, die den Mentalkörper anregte und bereicherte. Jeder einzelne der drei Wasserläufe sandte einen geistigen Kraftstrom aus.

Über den Allrays steht die glorreiche Gruppe der *Allsees***. Ihre Arbeit übersteigt, wie es oft bei höher entwickelten Engeln der Fall ist, menschliches Verstehen. Das liegt zum Teil daran, daß sie sich auf das Wohl der Erde selbst, weniger auf das der Menschheit konzentrieren. Flower beobachtete jedoch einmal, wie ein Allsee eine Gruppe von Menschen willkommen hieß, die einen Gebirgstempel

---

* dt.: Die Allesdurchstrahlenden

** dt.: Die Allessehenden

zur geistigen Erneuerung aufsuchte. Diese Begebenheit zählt jedoch zu den Ausnahmen, da sich jene Wesenheiten im allgemeinen nur um die Natur kümmern.

Die Herren der Berge

Naturparks bieten zahlreiche Möglichkeiten, mit den Engeln und Naturgeistern in näheren Kontakt zu treten. Mit ihren zauberhaft schönen Landschaftsszenen erfreuen sie nicht nur das Auge, sondern dienen den unsichtbaren Wesen auch als Orte der Erholung. Genauso, wie man in verschiedenen Gegenden verschiedene Arten von Bäumen, Büschen und Blumen vorfindet, unterscheiden sich von einem Naturschutzgebiet zum anderen die Naturgeister in Aussehen, Energieausstrahlung und Dienst. Flower riet, daß wir beim Betreten eines Parks durch unsere innere Fähigkeit der intuitiven Wahrnehmung jene unsichtbaren Energien und Aktivitäten zu erkennen versuchen sollten, die den Ort charakterisieren. Ein Wald kann angefüllt sein mit Energien der Heilung, die speziell den Ätherleib kräftigen. Ein Bergmassiv hingegen mag einen starken Impuls zur Ehrfurcht vor Gott aussenden. Seengebiete stimmen uns gewöhnlich auf ein Gefühl des Friedens ein. Das weite Land, die Wüste oder Prärie, stärkt die Klarheit des Geistes. Diese kontrastierenden Schwingungen spiegeln die Art der Wesen wider, die diese Gebiete beseelen.

Der Zion Nationalpark ist die Heimat der majestätischen „Engel der Macht“. Er bildet eine Deva-Kathedrale, die Wellen spiritueller Kraft aussendet. Der unweit davon entfernt gelegene Bryce Canyon Nationalpark wird von Wesenheiten bewohnt, die besonders freundlich und liebenswert sind. Ebenso wie der Yellowstone- und Yosemite-Park gehört er zu den Lieblingsplätzen der Devas.

Berge sind Ausstrahlungszentren ungeheurer Kraftfülle. Aus diesem Grunde bilden sie oft die Heimat der sogenannten „Herren

Ein „Herr des Berges“ im Gebet

der Berge“. Um ihre Stellung innerhalb des Gesamtplans zu verstehen, müssen wir uns vor Augen halten, daß das menschliche Bewußtsein nur die einfachsten, untersten Stufen des glorreichen Engelreiches zu erfassen vermag. Über die niederen Bereiche haben wir bereits gesprochen. Die höheren Stufen der Engelhierarchie entziehen sich jedoch menschlicher Kenntnis. In gleicher Weise übersteigt die Größe des Universums unsere Fähigkeit zu verstehen, wie Gott es regiert.

Bei den „Herren der Berge“ handelt es sich um hochentwickelte Engel, die über den Allsees stehen. Ihr Wirken ändert sich von Gebiet zu Gebiet. Einige arbeiten als Initiatoren oder Lehrer, um sowohl Naturwesen als auch Menschen zu größeren Leistungen anzuspornen. Andere konzentrieren sich auf Erneuerung und Heilung. Sie alle haben sich speziell der bewußten Entfaltung derjenigen Lebensformen verpflichtet, die sich zu ihrem Herrschaftsgebiet hingezogen fühlen.

Eine besonders beeindruckende Gebirgslandschaft ist der Mt. Rainier Nationalpark. Er wird von einem erhabenen „Herrn des Berges“ regiert. Die Schwingungen dieses wunderbaren Geistes breiten ihre Strahlen weit über den Park hinaus und berühren Gemeinden und Städte, die nahe an den Seiten des Berges liegen. Flower berichtete, daß sie beim Betreten des Naturschutzgebietes ein widerhallendes Glockenspiel vernahm, das allmählich schwächer wurde, als sie tiefer in den Park eindrang. Zunächst unmerklich, dann aber mit zunehmender Klarheit, spürte sie Vibrationen tiefster Verehrung. Allmählich wurden Waldgeister sichtbar, die sich alle in die Richtung jener herrschenden Wesenheit bewegten. Eine Atmosphäre tiefer Hingabe und Ehrfurcht erfüllte die sich vollziehende Prozession.

Die schneebedeckte Kuppel wird vom eigentlichen Kopf und Gesicht des Herrn vom Mt. Rainier überschattet. Er dreht sich langsam, so daß er alle Gebiete, die seiner Verantwortung unterliegen, gleichermaßen segnet. Wenn der Morgen anbricht, ist sein

Antlitz gegen Osten gerichtet. Am Nachmittag blickt er auf das Paradise Valley Gebiet. Eine Beschreibung mit Hilfe der menschlichen Sprache kann ihm nicht gerecht werden. Wer ihn jedoch hellsichtig wahrzunehmen vermag, wird seinen Ausdruck voller Heiterkeit und Mitgefühl nie vergessen. Dieser Herr des Berges hat für die Menschen ebenso viel Verständnis wie für die Devas seines eigenen Reiches.

Ihre Begegnungen mit diesen Naturtempeln bewegten Flower dazu, andere Gebiete der Vereinigten Staaten aufzusuchen. Sie wollte das unermeßliche Reich der Engel, das der Erde dient, und insbesondere seine Kraftzentren kennen und schätzen lernen. Von Zeit zu Zeit führte sie Gruppen zu entfernt gelegenen Orten, um die einzigartigen Segnungen der jeweiligen Naturtempel zu empfangen.

Der Anblick des „Herrn des Matterhorns" in der Schweiz hinterließ einen unauslöschlichen Eindruck in ihr. „Als ich dem Bergriesen in meinem Zimmer gegenüberstand, fand ich dessen Wesenheit so überwältigend und ehrfurchtgebietend, daß Tränen über meine Wangen rollten. Ich wiederholte für mich: *„Aus diesem Grunde bin ich nach Europa gekommen – um dich zu sehen."* Während unseres gesamten Aufenthaltes in Zermatt fühlte ich, daß der Herr des Matterhorns seine Augen auf alle Menschen innerhalb seines Territoriums gerichtet hielt. Er sah gütig aus, doch seine Gegenwart war nahezu überwältigend. Ihn zu erleben, bedeutete eine der tiefsten Erfahrungen meines Lebens."

Einige Jahre später erlebte sie auf einer Pilgerfahrt zum Mt. Cook in Neuseeland eine ähnliche Begebenheit. Die Landschaft, die den im fernen Süden der Insel gelegenen Berg umgibt, ist urwüchsig und herausfordernd. Der Herr dieses mächtigen Gipfels wirkt als Initiator. Er erkennt die Notwendigkeit, Individuen wachzurütteln und sie ihrer Lethargie oder Selbstzufriedenheit zu entreißen. Er entfacht in ihnen das Feuer heiligen Enthusiasmus, den Berg Gottes zu erklimmen. Flower berichtete: „Als ich das erste Mal den Mt. Cook von meinem Zimmer aus studierte, fühlte ich mich so sehr zu dem edlen Herrn dieser Bergkette hingezogen, daß ich nicht mehr sagen kann, wie lange ich so verweilte. Nachdem ich mir wieder der Außenwelt bewußt geworden war, stellte ich fest, daß mein Gesicht tränenüberströmt war. Nur der „Herr des Matterhorns“ vermochte mich genauso tief zu berühren wie diese Bergwesenheit. Sein edles Wesen läßt sich nicht mit Worten beschreiben. Das innere Selbst wollte noch verharren, doch das äußere Selbst drängte es, die Gruppe zu versammeln, um ihr von dem Geschauten zu berichten.“

Der „Herr des Mt. Everest“ ist der höchstentwickelte aller Bergherren. Über ein Netz segenspendender Vitalenergie stehen die Intelligenzen der hohen Berggipfel dieser Erde untereinander und mit dem Herrn des Mt. Everest in Verbindung.

Unser Ausflug in das Reich der Erde hat nur einige wenige seiner Offenbarungen berührt. Den stärksten Eindruck hinterläßt wohl der Kontrast zwischen dem äußeren Erscheinungsbild – so schön es auch sein mag – und seinem Gegenstück auf innerer Ebene, das sich als noch wundersamer erweist. Diese zauberhafte Welt enthüllt ein Reich, dessen Bevölkerung die Menschheit bei weitem übersteigt. Sie existiert ausschließlich zum Wohle der Natur. Jahrhundertelang war das Wissen um diese Wirklichkeit verschüttet. Doch langsam beginnt es zu erwachen. Seher wie Flower beschreiben eine unsichtbare Welt, die weitaus ungewöhnlicher ist als jene, die Kolumbus auf seinen Reisen oder Leeuwenhoek unter seinem Mikroskop entdeckte. Das heraufdämmernde Wassermann-Zeitalter verheißt eine Menschheit, die die Fähigkeit erlangen wird, das unermeßliche Reich ätherischen Lebens mit den inneren Augen wahrzunehmen.

Ein Murmlo-Windengel

4
Das Luftreich

Von den vier Elementen, aus denen die Natur besteht, ist das Reich der Erde wohl das vertrauteste und freundlichste. Die Schönheit der Berge, Wüsten, Wälder und Blumenwiesen hat sich dem Bewußtsein des Menschen tief eingeprägt. Die Erde bildet unsere Heimat, unseren sicheren Hafen, unsere Hauptquelle für Nahrung und Unterkunft. Sie öffnet die Tore zu den Wundern unberührter Landschaften.

Das Luftreich hingegen läßt sich nur schwer erfassen. Gewiß, sowohl Mensch als auch Tier bedürfen der Luft, um zu leben. Ununterbrochen atmen wir ihren kostbaren Sauerstoff ein. Obwohl sie uns ständig umhüllt, bleibt sie unsichtbar. Wenn sie sich als Wind erhebt und dabei ihren wahren Charakter offenbart, wird sie uns ganz besonders bewußt. Winde vermögen sanft zu streicheln oder aber stürmisch aufzubrausen. Mitunter gebärden sie sich wild und verheerend. Bisweilen herrscht völlige Windstille.

Die zweifellos auffälligste Manifestation des Luftreiches stellt das Wetter dar, da es von den Luftströmungen bestimmt wird. Wenn sich das Luftreich erhebt, sind seine Auswirkungen gefährlicher und zerstörerischer als die der anderen Naturreiche. Aufgrund ihrer hellseherischen Fähigkeiten konnte Flower unsere Beziehung zu den Luftwesen verdeutlichen. Demnach vermögen wir auf deren wetterbestimmende Kräfte Einfluß zu nehmen, insbesondere wenn es darum geht, die Extreme abzuschwächen. Doch auf diese Beobachtungen werden wir an anderer Stelle näher eingehen.

Wir übersehen leicht, daß die Luft auch als Medium für die Fortpflanzung des Klanges dient. Die Luftwesen besitzen ein äußerst feines Gespür für die Qualität des entstehenden und weitergeleiteten Tons. Alles, was mit dem Klang in Verbindung steht, ist diesen dienenden Wesen teuer. Sie erwarten und bevorzugen Harmonie, Schönheit und Ehrfurcht. Doch die meisten menschlichen Geräusche entsprechen nicht diesem Standard, vor allem nicht die lärmende Weltlichkeit. Selbst das harmlose Geschwätz einer Menschengruppe genügt, um die Intelligenzen der Luft zu belästigen, weshalb sie solche Orte meiden. Um mit den Bewohnern dieses empfindsamen Reiches in Harmonie leben zu können, wäre es ratsam, die Luft als ein heiliges Element zu betrachten und nicht herumzulärmen.

Ebenso wie im Reich der Erde, gibt es auch in dem der Luft eine Hierarchie. Sie reicht vom winzigen Baumeister bis hinauf zum mächtigen Engel. Die Intelligenzen der Luft leben an sich vom Menschen getrennt. Wie die anderen himmlischen Geschöpfe, billigen auch diese Engel nicht den Wankelmut auf unserem Wege zu Gott – unsere Unaufrichtigkeit, Gleichgültigkeit und Nachlässigkeit. Sie reagieren aber auf eine natürlich respektvolle und bescheidene Haltung unsererseits. Mit einer solchen inneren Einstellung gewinnen wir die Achtung und Anerkennung der Luftwesen.

Wie schwierig gestaltet es sich doch für den Menschen, die feine Trennungslinie zu erfassen, die zwischen dem Naturreich und seinem eigenen Empfinden für die Welt liegt. Wir bemühen uns, unsere höhere und niedere Natur in Einklang zu bringen. Wir akzeptieren unsere Mängel als Bestandteil des Paradoxons Mensch, indem wir sowohl gute als auch schlechte Tage durchleben. Ein Luftwesen betrachtet solche Wechselhaftigkeit jedoch als respektlos und unverzeihlich. Es kennt keinen anderen Sinn, Wunsch oder Beweggrund als den, dem Schöpfer zu dienen. Daher betrachtet es ein solches Wesen als durchaus sinnvoll, daß der Mensch mit seiner Willensfreiheit ebenso vorgehen sollte. Wie vieles wir doch von diesem Reich lernen können! Trotz ihrer Zurückhaltung gegenüber der Unbeständigkeit unserer dualen Natur zeigen sich die Luftwesen nicht boshaft. Mit fröhlicher Emsigkeit gehen sie still ihren Beschäftigungen nach.

Erbauer, Zephyre und Sylphen

Die kleinsten Geschöpfe des Luftraumes werden *Erbauer* genannt. Es sind winzig kleine und unentwickelte Elementarwesen, doch sie schillern in Farbe und Schönheit. Ihre Arbeit besteht darin, sich in ihrer ätherischen Form zwischen Blumen, Büschen und nahezu in der gesamten Pflanzenwelt zu bewegen. Sie ähneln Bienen, die Pollen sammeln, doch sie sorgen für den Austausch von Kohlendioxyd in Sauerstoff. Je größer die Pflanze, um so mehr von ihnen werden angezogen.

Ihnen ist ebenfalls eine Trennung in männlich und weiblich zu eigen. Nach dem Maß der Erde leben sie ungefähr zehn Jahre. In schneller Abfolge durchwandern sie ihre Leben. Kaum ist ein Körper vollendet, wird ihnen bereits ein neuer bereitet, der den alten an Farbe und Form übertrifft.

Flower beobachtete diese zarten Geschöpfe und schrieb: „Unsagbar ergreifend sind unerwartete Einblicke in die Arbeit der Engel. Standhaft muß ich mich täglich auf meine Arbeit am Schreibtisch besinnen, während draußen kleine Baumeister lustig in unserem Blumengarten herumwirbeln. Manchmal stehle ich mich ans Fenster meines Arbeitszimmers, um einen Blick auf diese zarten Wesen zu werfen und die Freude, die aus meinem Innern aufstrahlt, während ich diese kleinen Diener beobachte, ist sowohl entspannend als auch erfrischend."

Ein „Erbauer“ im Blumenreich

Viele der märchenhaften Berichte, die uns in den Kinderbüchern über Feen gegeben werden, beziehen sich auf diese Wesen, die in Wirklichkeit wesentlich kleiner sind, als die Menschen sie dargestellt haben. Nachdem sie sechzig oder mehr Wandlungen in der Form eines Erbauers durchlebten, schreiten sie zur nächsten Stufe ihrer Entwicklung weiter. Ihre Bewegungen und ihr Verhalten werden vom Instinkt gesteuert. Sie verstehen kaum, was oder warum sie etwas tun, doch ihre Fröhlichkeit, einem Zweck im Atmungsvorgang des Naturreiches zu dienen, schenkt ihnen grenzenlose Erfüllung.

Die zweitjüngste Lebensform des Luftreiches ist als *Zephyr* bekannt. Dieses Wesen besitzt die Anfänge aktiver Intelligenz. Es erreicht im ausgewachsenen Stadium die Größe von einem Meter, während seine Schönheit seinesgleichen auf Erden sucht.

Die Entstehung der Zephyre ist ein sehr interessanter Vorgang. Ein Zephyr tritt durch freudige, spielerische oder anbetende Ekstase seiner Eltern ins Dasein. Überall in der Natur finden wir Dualität, Paare unterschiedlichen Geschlechts. Zephyr-Eltern erschaffen ihre Nachkommen in inspirierter Zusammenarbeit. Diese gemeinsame Schöpfung formt sich außerhalb der elterlichen Körper. Die Gestaltung erinnert eher an die Entstehung eines Eies als an einen menschlichen Embryo.

In einem Moment ekstatischer Vereinigung mit den Höheren Intelligenzen, die über das Reich der Lüfte wachen, öffnet sich die eiförmige Schöpfung der Eltern, und ihr entsteigt ein kleines, doch schönes Wesen – ein Wesen, das kleiner ist als dreißig Zentimeter, aber in allem ein getreues Abbild seiner Schöpfer. Dieser neu gebildete Zephyr wird schließlich dieselbe Größe und geistige Reife wie seine Eltern erlangt haben. Seine Lebensspanne beträgt etwa drei- bis fünfhundert Jahre, und seine Individualität wird sich im Laufe seines Entwicklungsprozesses deutlich abzeichnen.

Die Welt der Luftdevas beginnt mit der Geburt der Zephyre. Während ihrer frühen Entwicklungsphase werden die jungen Devas sehr behutsam umsorgt – nicht von ihren Eltern, sondern von den Schutzengeln dieses Bereiches. In einer Art Schule machen diese die Zephyr-Kinder mit den Winden und Luftströmen vertraut. Mit Hilfe von Spielen und sanften, ruhigen Ermahnungen bereiten sie sie auf zukünftige Erfahrungen vor und helfen ihnen, all die Tätigkeiten freudig zu erwarten, die einmal ihr Arbeitsfeld des Dienens ausmachen werden. So zum Beispiel unterweist man sie darin, während ihrer Spiele auf den Luftströmen zu reiten. Insbesondere aber lehrt man sie, in Willen und Bewußtsein ein Bild des Schöpfers zu tragen, der ihre luftigen Leben aushauchte und der sie immerfort leiten und beeinflussen wird, wenn sie als erwachsene Zephyre in fröhlicher Pflichterfüllung mit den Winden dahinfliegen werden.

In ihrer Jugend beobachten die jungen Zephyre, während sie lernen, auf den Wogen der Lüfte dahinzuschweben, Menschen, Tiere und Gegenden, die sie später noch eingehender zu betrachten wünschen. Ist ihr Wachstum vorangeschritten und ihre Erinnerung verläßlich und beständig, werden sie jene Plätze, die sie einst anzogen, erneut besuchen, wenn sie diesen von Nutzen sein können, indem sie notwendige klimatische Änderungen bewirken.

Den erwachsenen Zephyren ist, in ihren ätherischen Körpern, eine ähnliche Intelligenz wie den Menschen zu eigen. Selbstsüchtige Motive, die persönlichen Ambitionen oder der Verschlagenheit entspringen, sind ihnen allerdings fremd. Diese selbstlose Willensausrichtung befähigt sie, die Möglichkeiten der Menschen zu einem Dienst auf gleicher Stufe zu übertreffen.

Die jungen Zephyre geben sich ganz der Freude am Reiten auf den Luftströmen hin. Sind sie älter, lernen sie, diese zu beherrschen, sie anzutreiben oder zu zügeln. Die Luftkräfte könnten nämlich, sich selbst überlassen, zerstörerisch wirken. Der Hauptdienst eines erwachsenen Zephyrs liegt jedoch darin, mächtige Ströme kosmischer und solarer Strahlung abzulenken, die beständig auf die Erde zielen. Um einen Einfluß auf die physische Welt auszuüben – vor allem auf jene Bereiche, die sie lieben gelernt haben und in denen sie sich aufhalten – konzentrieren die Zephyre ihre Bemühungen auf die Ätherebene, um zu starke Aufladungen, die der Erde schaden könnten, zu normalisieren. Wenn sie diese Energieballungen auflösen, ändern ihre Körper vorübergehend die Farbe. Zephyre, die ein solches himmlisches Strahlenbündel trifft, erscheinen manchmal als schimmernde, glitzernde, kristallartige Wesen. Sie mögen einen Saphirton annehmen oder aber eine strahlend gelb-orange Färbung, wenn sie bestimmte Solarenergien freisetzen. Diese Transformationen sind kurzlebig und dauern kaum länger als vierundzwanzig Erdenstunden, die ausreichen, um überschüssige Kräfte zu neutralisieren.

Wir sollten uns des öfteren dankbar der Zephyre erinnern, die auf ihre spielerische und fröhliche Art über alle menschliche Vorstellung hinaus tätig sind. Ebenso wie das gesamte Engelreich dienen auch sie in selbstloser Hingabe ihrem Schöpfer.

Über den Zephyren stehen die *Sylphen,* ältere, weisere und fortgeschrittenere Bewohner dieses Reiches. Könntest du diese Lebensform beobachten, die Sylphen würden dir als in der Atmosphäre schwebend erscheinen. Es sind Luftdevas, deren Körper, in aufrechter Haltung, an Menschen erinnert. Ihre Größe schwankt zwischen einem und anderthalb Metern. Wie alle, die devischen Ursprungs sind, existieren sie etwa fünfhundert Jahre lang in ihrem ätherischen Körper. Sylphen sind, obwohl sie noch nicht die Stufe der Engel erreicht haben, weitaus intuitiver als die meisten geistig Suchenden. Auch ihr unverzüglicher, aus tiefem Herzen entspringender Gehorsam ihren Vorgesetzten gegenüber unterscheidet sie von den Menschen.

Die Tätigkeit der Sylphen, wenn auch wirkungsvoller, ähnelt jener der Zephyre. Hunderte von Strahlen, vorwiegend solaren Ursprungs, gelangen in die ätherische Umhüllung der Erdatmosphäre. Sylphen arbeiten mit den von solaren und kosmischen

Kräften geschaffenen Bedingungen. Anhäufungen dieser Strahlen vermögen sie nicht zu verhindern, wohl aber können sie ausladende Energieschirme schaffen, die als Schutzschilder wirken und die Kraft der eindringenden Strahlen abschwächen. Dem Bedürfnis eines Baumes, Hügels, Berges oder Dorfes angepaßt, erschaffen die Sylphen in individueller oder gemeinsamer Arbeit wunderschöne Schirme aus ihrer eigenen ätherischen Substanz. Diese Schutzschilder verstärken das natürliche Energiefeld, um jeder einzelnen Gegend zweckentsprechend Segen zu bringen.

Engel des Windes

Wenn die Luft-Devas die nächst folgende Stufe erreichen und somit zum Engel aufsteigen, werden sie zu „Engeln der Winde", auch *Cilarae* genannt. Ihre Aufgabe besteht darin, die durch die Erdrotation verursachten Luftströmungen zu bändigen. Dazu gehören die allgemeinen West-, Äquator- und anderen Winde, deren Namen in der jeweiligen Region bekannt sind. Da sich Luftströmungen in ständiger Bewegung befinden, könnte man sie geradezu als ‚Flüsse der Lüfte' bezeichnen. Je nach ihrer Vorliebe zieht es Cilarae in bestimmte Bereiche der Atmosphäre. Dort dienen sie dann als treue Wächter – Hüter der endlosen Ströme der Luft.

Entsprechend ihrer Entwicklung reicht die Größe dieser Wesen in aufrechter Haltung von fast drei bis dreieinhalb Metern. Meistens jedoch findet man sie in den Luftströmen, für die sie die Verantwortung tragen, eher in schwimmender oder treibender Haltung. Mitunter bewegen sie sich auf diese Weise drei- bis fünftausend Kilometer, um ein bestimmtes Ziel zu erreichen. Nach Abschluß ihrer Mission kehren diese Windwesenheiten zur Ruhe und Erneuerung in ihr Heimatland zurück.

Verwandt mit den Cilarae sind die *Murmlo,* eine Engelgruppe, die sich in den Küstengebieten aufhält und das Aufkommen von

Stürmen oder den Wechsel des Wetters beeinflußt. Das Wort „murmeln“*) bezieht sich auf diese zuverlässigen Helfer, die sich mit den Meeren und und Ozeanen der Lüfte beschäftigen. Die Murmlo stehen auf gleicher Entwicklungsstufe wie die Cilarae, doch sie erfüllen unterschiedliche Aufgaben. Bisweilen arbeiten sie für einige Tage – nach irdischem Maßstab – um eine erforderliche Wetteränderung hervorzubringen. Dabei arbeiten sie mit den Kräften, die dem Luftdruck und der Temperatur derjenigen Gegenden zugrundeliegen, in denen sie sich aufhalten. Wenn rein natürliche Hilfsmittel nicht ausreichen, einen Sturm zu entfachen, schaffen sie, wie die Sylphen, gigantische ätherische Formationen, die in jener Welt sehr an physische Wolken erinnern. Diese ätherischen Gebilde verursachen eine Veränderung des bestehenden Luftdrucks, und ein Sturm kann aufkommen. Solange in der Atmosphäre keine negativen oder zerstörerischen Kräfte hervorgerufen werden, sind die Murmlo in der Lage, aufgrund ihrer Kenntnisse hinsichtlich der Luftströme, erwünschte Wetteränderungen herbeizuführen.

Den Murmlo und Cilarae Engeln sind jüngere Naturwesen anvertraut, die Zephyre und Sylphen eingeschlossen. Während brausender Stürme werden letztere jedoch aus den Unruhegebieten fortgeschickt. Nur die fortgeschritteneren Engel bleiben zurück, um sich mit den rauheren Wetterelementen auseinanderzusetzen.

Flower zufolge werden klimatische Verwüstungen auf der Erde nicht von Engeln des Naturreiches herbeigeführt. Sie entwachsen den niederen Emotionen und Gedanken der Menschheit, ihrer Gewalttätigkeit, Grausamkeit und Perversion. Zerstörerische Kräfte wenden sich Gegenden zu, in denen unsoziales und ähnlich ungutes Verhalten herrscht. Solche negativen ätherischen Energien wachsen mit der Zeit so stark an, daß die schwelende Gewalt der angestauten Wildheit von Zeit zu Zeit freigesetzt oder entschärft werden muß.

---

*) d. h. das „Murmeln des Windes“ (d. Hrsg.)

Daher sind Wirbelstürme und Orkane als notwendige Freisetzungen dieser explosiven Ansammlungen anzusehen. Wann immer eine Katastrophe auf physischer Ebene hereinbricht, ein Erdbeben, ein verheerender Sturm oder ein ähnlich heftiges Naturereignis den Menschen bedroht, dann hat dieser in seiner frevelhaften Respektlosigkeit gegen die Intelligenzen der Natur verstoßen. Engel lassen solche Stürme weder als eine Maßnahme der Bestrafung oder der Vergeltung zu noch sind sie die Urheber derartiger Verwüstungen. Sie geben der Läuterung jener Gebiete statt, in denen sich die üblen Kräfte angesammelt haben, damit der ganze Planet nicht zerbricht. Kommt in Gebieten die Gefahr eines Tornados auf, sollten sich die Bewohner dieser Gegend von Egoismus, Falschheit und Haß läutern. In ähnlicher Weise handelt es sich bei den Orkanen um die energetischen Auswirkungen der Launen, Vorurteile und der Habsucht der Bewohner eines Gebietes.

Ebenso wie der Aufruhr im Luftreich werden Überflutungen durch emotionale Wankelmütigkeit, Vorurteile und Haß der Menschen in bestimmten Gebieten hervorgerufen. Fluten treten trotz vorbeugender Maßnahmen auf, da sich die negativen Emotionen derartig angestaut haben, daß ein Ausbruch unvermeidlich ist. Um Überschwemmungen, vom Gesichtspunkt innerer Ursache aus gesehen, entgegenzuwirken, muß zuerst ein Wandel im Bewußtsein der Menschen erreicht werden, das heißt, die Befreiung von Rassenhaß, schädigender Kleinlichkeit und Gezänk. Wenn der Mensch seine zerstörerischen Emotionen in den Griff bekommt, dann werden die Flüsse fröhlich dahinströmen, ohne in den Gebieten, die sie durchfließen, Schaden anzurichten.

Airwees und andere Engel des Luftreiches

Alle Engelwesen, die die Atmosphäre und das Wetter beeinflussen, ein nahezu das ganze Luftreich erfassender Bereich, gehören zu der Gruppe der *Airwee*. Diese Engel sind dafür verantwortlich, die jeweils notwendigen atmosphärischen Bedingungen zu schaffen. Die sogenannten „Engel der Elektrizität" beschäftigen sich mit Magnetismus und den Kräften der Elektrizität. Fehlen der Erde bestimmte Elemente oder die ätherischen oder niederen Astralebenen sind schwer durch Verunreinigungen belastet, achten diese Wesen darauf, daß der Blitz angezogen wird. Wird sich das Bewußtsein der Menschen einmal auf einer einheitlichen Stufe befinden, werden sie von den „Engeln der Elektrizität" lernen, dieses gewaltige Element zu zügeln und zu kontrollieren.

Ein „Engel der Elektrizität"

Sind Regen, Schnee oder Nebel vonnöten, setzen die Airwee die Kräfte der *Neentel* und *Murmlo* in Bewegung, welche gemeinsam die Bedingungen für einen Sturm zu schaffen vermögen. Bei den Neentel handelt es sich um eine kleinere Schar aus den Reihen der Airwee. Sie kontrollieren bestimmte Rhythmen des Wetters in den verschiedenen Jahreszeiten, die wiederum für die Muster der Schneeflocken und Kristalle verantwortlich sind.

Flower begegnete einer dieser strahlenden Wesenheiten in Questhaven. „Eines Abends war unser Spaziergang ausgedehnter, als ich ein Wesen beachtlicher Größe beobachten konnte, das sich als Führer der Wetterengel zu erkennen gab. Die Verständigung zwischen diesem

Engelführer und seinen Schützlingen war für mich nicht zu entschlüsseln, doch, gemeinsam mit den Naturdevas, wurden meine höheren Empfindungen durch diese großartige Erscheinung erweitert."

Obschon die Airwees die Hauptgruppe der Luftwesenheiten bilden, befindet sich ihr Tätigkeitsfeld in der Erdatmosphäre. In der Stratosphäre der Erde sind die höchsten Intelligenzen des Luftreiches anzutreffen. Ihre Inseln in den Lüften sind endlos; ihre Heiligtümer mit ihrem ewigen Frieden liegen jenseits menschlichen Vorstellungsvermögens. In diesen Bereichen weilen die *Tija*. Die Entwicklungsstufe dieser Wesenheiten maskuliner und femininer Polarität gleicht der von Meistern und Herren. Alle Entscheidungen hinsichtlich des Klimas, des Regens und der Fruchtbarkeit der Erde werden von den Tija getroffen und unter ihrer Anleitung ausgeführt. Einige aus ihren Reihen dienen ebenfalls dem Wasserreich. Die meisten von ihnen stehen oberhalb der Ebene der Erzengel.

Bitte an die Wetterengel

Es folgen einige abschließende Gedanken zur Welt der Lüfte. Das Reich der Erde steht dem Menschen am freundlichsten gegenüber, wohingegen sich das der Luft am gefährlichsten zeigt. Von den Intelligenzen des letzteren wird Beständigkeit, Genauigkeit und Bescheidenheit erwartet, Eigenschaften, die bei den Menschen oftmals zu kurz zu kommen scheinen. Wenn sich menschliche Respektlosigkeit und Arroganz zuspitzen, können die Luftwesen grimmig und erbarmungslos reagieren. Andererseits aber vermag ein heißer Sommertag, an dem sich kein Lüftchen regt, lähmend zu wirken. In den Tagen der Segelschiffahrt wurden die sogenannten äquatorialen Windstillen ganzen Mannschaften zum Verhängnis. Das soll nun nicht heißen, daß Luftwesen an sich bösartig sind. Ihre Unduldsamkeit den niederen Aspekten menschlicher Natur gegenüber läßt sie zu einer unberechenbaren Macht werden, die man nicht unterschätzen sollte. Ein weiser Mensch wird die Reiche der Natur niemals als selbstverständlich erachten.

Das Wissen um die einzelnen Stufen der Luftwesen kann bei der Ausrichtung unserer Gebete sehr hilfreich sein. Wenn ein bestimmter Landstrich Regen benötigt, sollten wir die Murmlo bitten, durch Windveränderungen, Regenwolken in dem von der Trockenheit befallenen Gebiet zu bilden. Benutzen wir ein Flugzeug, können wir die Cilarae um einen sanften und sicheren Flug bitten. Sorgen wir uns um eine sich verringernde Ozonschicht, mögen wir unsere Gebete an die treuen Sylphen richten und sie bitten, Schutzschirme zu bilden. Die Luftgeister beobachten genau die Einstellung der Menschen zu ihrem Tätigkeitsfeld. Wenn wir der Verursachung von Umweltverschmutzungen gleichgültig gegenüberstehen oder sogar zu den Mitschuldigen gehören, rufen wir Unheil hervor. Erkennen wir jedoch die Gefahr und zeigen uns umsichtig bei deren Verhütung, werden uns dieselben Intelligenzen ihr Wohlwollen bekunden.

Wir haben bereits über die Berge und ihren Platz im Reich der Engel gesprochen. Auch sie bieten Luftwesenheiten, wie den Airwees, eine Heimat. „Gebirge machen ihr eigenes Wetter“, heißt es. Die Engel der Winde bewegen sich in den zerklüfteten Gebirgsschluchten auf- und abwärts. Die gesamte Bergwelt des Himalaya bildet den planetarischen Hauptsitz für die Wesenheiten der Lüfte.

Das Luftreich symbolisiert das Bewußtsein, jenen Teil in uns, der sich in die Höhen von Erleuchtung und Offenbarung emporzuschwingen vermag. Ebenso wichtig wie die Reinheit der Luft, die wir einatmen, ist die Lauterkeit unserer Gedanken und Gefühle. Das Bewußtsein stellt unser inneres Luftreich dar. Die gesamte Natur, vor allem aber die Luftgeister, erwarten von uns zunehmende Selbstbemeisterung. Das Überleben der Menschheit legt Zeugnis ab von der Geduld der Natur, die uns immer wieder die Gelegenheit geboten hat, mit ihr in Einklang zu leben. Wenn wir die Bewohner und Eigenarten ihres Reiches bewußt erfahren, werden wir für die Menschen zu Vorbildern der Achtung und Anerkennung, die ihr gebühren.

Ein Garten-Deva im Gebet

5
Die Wasserwelt

Die Erzählungen vom Meer sind mit der Menschheitsgeschichte eng verknüpft. Die Mythologie mit ihren Fabeln über Wassergeister, Nymphen, Meeresjungfrauen und den Sirenen der Homerschen Odyssee bezeugt, welche Faszination die Wasserwelt auf die Menschen ausübte. Obwohl die Legenden häufig auf phantasievollen Mutmaßungen basieren, leuchtet die Existenz der Wasserwesen unverkennbar aus den klassischen Erzählungen hervor.

Wasser, der Grundbaustein allen Lebens, bildet den Hauptbestandteil des menschlichen Körpers. Es bedeckt dreiviertel der Erdoberfläche, weshalb sich auf den ätherischen Ebenen die größte Zahl an Wasserwesen befindet. Von allen Reichen beherbergt ihre Welt die lebendigsten, emotionalsten und wandelbarsten Devas. Sie versinnbildlichen die Emotionen, treiben sie an und geben ihnen Farbe und Anreiz. Ein Mensch mit innerem Wahrnehmungsvermögen kann ihre quirlige Natur in den Strömen und Flüssen beobachten. In den Wasserfällen erreicht ihr Temperament seinen Höhepunkt. Um mit diesen Wesen in Harmonie zu leben, muß der Mensch ihre Launenhaftigkeit und Ausdrucksform zu verstehen suchen.

Ein Engel des Meeres

Meereströpfchen und Wasserkobolde

Wegen ihres Ursprungs werden die jüngsten Formen der Wasserwelt *Meereströpfchen* genannt. Diese Elementale sind kaum größer als der Tropfen Wasser, den sie beseelen. Ihre Aufgabe besteht darin, die jeweilige Wassereinheit, die in ihren Wirkungsbereich gelangt, zu reinigen und mit Energie aufzuladen. Sind sie für speziellere Aufgaben bereit, erheben die Engel des Wasserreiches, die sich mit dem Prinzip der Verdunstung beschäftigen, diese in die Lüfte und führen sie über Regen in die Gebiete, in denen sie benötigt werden. Nach einiger Zeit zieht es die ausgewanderten Meereströpfchen in die Nachbarschaft von Quellen, Flüssen und reißenden Strömen. Oder sie sickern in die unterirdischen Flüsse und Seen, von denen die Wasserversorgung auf Erden abhängt.

Fallen die Meereströpfchen während eines starken Regens direkt in einen Bach oder Fluß, werden sie die meiste Zeit ihres Lebens mit diesen Wassern verbunden bleiben. Sie ermöglichen es den Elementen, sich im Wasser zu lösen. Die Existenz der Meereströpfchen vollzieht sich auf einer instinktiven und unbewußten Ebene, aber strahlt dennoch Freude und Sinnhaftigkeit aus.

Wir dürfen nicht vergessen, daß der äußere Sinneneindruck lediglich einen Bruchteil der Natur wiedergibt. Was man uns in der Schule über den Kreislauf von Verdunstung und Kondensation gelehrt hat, ist ein rein mechanisches Bild dieses Vorgangs, das nur die Variablen Temperatur und atmosphärische Bedingungen berücksichtigt. Ihm fehlt das vitale ätherische Element.

Alle Naturvorgänge, die wir erleben, werden von einer Welt lebendiger Wesen angetrieben und gesteuert.

Wenn die winzigen Meereströpfchen ihren Dienst als solche abgeschlossen haben, steigen sie zu einer anderen sehr jungen Evolutionsstufe auf, die als *Wasserkobolde* bekannt sind. Jene entzückenden Kreaturen, die Flower im Alter von sechs Jahren über die Wasser des New Yorker Hafens dahingleiten sah, gehörten zweifellos zu dieser Gruppe. Der Umwandlungsschritt vom Meeresträpfchen zum Wasserkobold ist beachtlich. Die Kobolde sind etwa zwanzig Zentimeter groß. Sie kennen keinen persönlichen Lebenssinn, obwohl sie zum Zwecke der Evolution auf diesem Planeten eingesetzt werden. Durch die Führung der entwickelteren Wesen bewegen sie sich fröhlich auf dem Wasser und freuen sich auf die Heimat ihres Ursprungs, das Meer, dem sie zustreben.

Nymphen und Najaden

Viele Wesen im Wasserreich leben unter der Erdoberfläche. Sie kümmern sich um das Grundwasser, unterirdische Seen und Flüsse sowie die Quellen. Mit ihrer Aufgabe bringen sie in gewisser Weise ein Opfer für ihre Entwicklung. Welch ein herrliches Erlebnis stellt der Moment für diese Wesen dar, über irgendein Tor ihres Reiches an die Oberfläche zu gelangen! Stellen wir uns nur die grenzenlose Freude eines Menschen vor, nach jahrelangem Aufenthalt in einer dunklen Höhle wieder das Sonnenlicht zu erblicken. Eine ähnliche Heiterkeit erhellt die Mienen dieser Diener der Wasserwelt.

Indem die Wasserwesen die Leiter des Wachstums erklimmen, gewinnen sie nicht nur an Größe und Stärke, sondern auch ihre umfassenden intuitiven Fähigkeiten und ihre Empfänglichkeit für den herrlichen Tija nehmen zu, der für ihre Entfaltung verantwortlich ist.

Über dem Wasserkobold steht die *Meeresnymphe,* die sich, was Intelligenz und Fähigkeit anbelangt, mit den Heinzelmännchen des Erdreiches vergleichen läßt. Ihre Größe beträgt etwa einen halben bis dreiviertel Meter. Die Bilder, die die Menschen von den Nymphen gemalt haben, sind im Wesentlichen korrekt, insbesondere was den Oberkörper betrifft. Im Gegensatz zu den erdichteten Behauptungen jedoch, besitzen die Nymphen keinen fischähnlichen Unterkörper. Sie haben normale Füße, die gewöhnlich in schwimmender Haltung zu sehen sind. Vergleichbar mit den Luftwesen, die auf den Luftströmen reiten, verbringen sie ihre Lebensspanne, indem sie sich auf der Oberfläche des strömenden Wassers bewegen.

Über den Nymphen (oder Nixen) stehen die *Najaden,* die etwa dreißig Zentimeter größer als erstere sind. Sie sind intelligenter und reicher an konkreten Erfahrungen als ihre Vorläufer unter den Wassergeschöpfen. Bei den Najaden handelt es sich um die erste Form des Wasserreiches, die aus eigenem Entschluß ihre Aufgabe erfüllt, was einen bedeutenden Schritt in der Entwicklung darstellt. Sie lieben es zwar, sich um frisches Wasser zu kümmern, doch ihr Wirkungsbereich wechselt ständig. Einem Wasserwesen unterhalb der Engelstufe ist es nur selten gestattet, in einer Gegend länger als eine Jahreszeit zu dienen.

Mit der Stufe der Najaden beginnt auch die Erkenntnis, daß die Wasser gereinigt werden müssen, ein Fluß seine Bestimmung besitzt und der Wille des „Königs des Stromes“ bis ins Detail genau ausgeführt werden muß. Dieses Verantwortungsbewußtsein zeigt, daß die Najaden auf gleicher Stufe mit den Baum-Devas des Reiches der Erde stehen. Der „König des Stromes“, dem die Najaden dienen, ist die am weitesten entwickelte Wesenheit, die für das strömende Wasser verantwortlich ist.

Engel des Wassers

Über den Devas des Wassers stehen die Engel dieses Elementes. Der Aufgabenbereich der *Nereiden* zeigt sich vielgestaltig. Ihre erhabene Schönheit spiegelt die schimmernde Farbenpracht der Wasserwelt wider. Den unterirdischen Gewässern, stillen Seen und mittleren Wasserfällen stehen weibliche Nereiden voran. Um die lebhaft dahinströmenden Flüsse und größeren Wasserfälle kümmern sich Nereiden maskuliner Polarität.

An den Snoqualmie Wasserfällen im Bundesstaat Washington beobachtete Flower einen dieser herrlichen Engel. Er war so groß wie der Wasserfall selbst, und seine Ausstrahlung segnete die umliegende Landschaft. Die jüngeren Wassergeister, die die Aura dieses Wesens durchstreiften, empfingen von ihm neue Lebensenergien.

Ein Engel des Wassers

Die Nereiden der Seen, insbesondere jene fortgeschrittenerer Entwicklung, sind gehalten, die Aura des Wassers um die größtmögliche Distanz auszuweiten. So reicht die Aura des Pazifischen Ozeans bis hin zu den Rocky Mountains; jene des Atlantischen Ozeans berührt die östlichen Ausläufer derselben Bergkette. Die Ausdehnung dieser reinigenden Wasserauren erfordert die Bemühungen zahlloser himmlischer Leben, die in unermüdlicher Arbeit ihre Energien einsetzen.

Die Nereiden und anderen Wasserengel unterscheiden sich von den weniger entwickelten Formen ihres Reiches nicht nur weil sie mit einem umfassenderen Aufgabenbereich betraut werden. Bevor das Ziel des Aufstiegs zum Engel heraufdämmert, zeichnet sich das Leben im Reich des Wassers durch viel Reibung, Aufregung und Instabilität aus. In dieser Welt gibt es tatsächlich die ausgeprägteste Form von Wetteifer zwischen Flüssen, Seen und sogar den Meeren. Das liegt zum Teil an der Verbindung zwischen Wasser und Emotionen. Nach dem Aufstieg zur Nereide entwickelt sich jedoch eine umfassende und warmherzige Einstellung, wie sie bei den Wesen der drei anderen Reiche schon in früheren Stufen natürlich ist. Den Weltmeeren dient eine unübersehbare Schar von Wasserwesen und Wasserengeln aller Art. Ihre gemeinsame Aufgabe besteht darin, das Meerwasser zu reinigen und zu beleben. Sie wirken in Zusammenarbeit mit den Luftwesen, um den ewigen Kreislauf zu vollbringen, der das Wasser vom Meer zum Land und wieder zurück bewegt. Die Engel der Meere können am besten des nachts beobachtet werden. Ihre leuchtenden Auren erinnern an Gewänder in lichtblauen und apfelgrünen Farbtönen. Auf ihrer Seefahrt nach Europa sah Flower ein riesiges rundes Antlitz aus den Wellen emportauchen. Sie hatte dergleichen noch nie zuvor erblickt. Ihr Schutzengel erklärte ihr, daß es sich um einen Engel handelte, der sich für die höheren Formen des Lebens im Meer, wie zum Beispiel die Delphine, interessierte.

Ein Engel des Meeres

Jeder Ozean wird von einem außergewöhnlichen Engel regiert, der als „Herr des Meeres" bekannt ist. Der Pazifische Ozean besitzt eine solche majestätische Wesenheit. Sie ist friedliebend, mächtig und von großem Einfluß. In den inneren Welten wird sie *Pericus* genannt. Über den Atlantischen Ozean herrscht ein Wesen vergleichbarer Entwicklung, mit Namen *Ceranus*. Der Indische Ozean, das Mittelmeer und all jene Gewässer, die unter ihrem jeweiligen Namen bekannt sind, werden von solchen edlen Intelligenzen überwacht. Die Erzählungen über Poseidon und Neptun, den Herrschern der Tiefen des Ozeans, die wir in der griechischen und römischen Mythologie finden, reflektieren die Existenz dieser Engelherren. Sie beaufsichtigen eine unendliche Schar sich entwickelnder Helfer, die in ihrem jeweiligen Aufgabenbereich die Prinzipien der Verdunstung, des Abregnens und des Einsickerns aufrechterhalten, Prozesse, derer unser Planet dringend bedarf.

Das Oberhaupt der Wesen des Wassers ist ein Tija oder Engelprinz. Gemeinsam mit höheren Engelwesen entscheidet er über das Zusammenströmen von Wassern und Winden, die die notwendigen klimatischen Veränderungen herbeiführen. Der größte Teil des Verantwortungsbereiches eines Tija überschreitet menschliches Verstehen. Dennoch sollten wir seiner Existenz und der Engelhierarchie gedenken, die das ätherische Leben jedes einzelnen Naturreiches charakterisiert.

Beziehungen zu den Wasserwesen

Die Menschheit betrachtet die Wasserwelt leicht als selbstverständlich. Aber ohne Wasser würde sich die Erde in eine Wüste verwandeln. Wasser bereitet den Boden, damit er Frucht hervorbringt. Außerdem steht dieses Element den menschlichen Emotionen am nächsten. Daher beherbergt die Wasserwelt Intelligenzen, die dem Menschen gewöhnlich freundlich gegenüberstehen. Doch, wie in den anderen Reichen, hängt ihre Verhaltensweise von unserer Einstellung und unserem Benehmen ab.

Gehen wir gefühllos und nachlässig mit dem Wasser um, werden uns seine Wesen nicht freundlich aufnehmen. Da menschliche Emotionen die Grundlage der Ähnlichkeit mit den Bewohnern des Wasserreiches bilden, müssen wir um stetige Selbstkontrolle bemüht sein, wollen wir mit diesen Intelligenzen gemeinsam arbeiten.

Wenn wir im Wasser schwimmen oder es als Reiseweg benutzen, sollten wir unsere Gedanken und Gefühle, selbst unsere Sprechweise und unsere Umgangsformen, tunlichst beherrschen. Es erscheint seltsam, daß ausgerechnet das Element Wasser in seiner Unbeständigkeit und Ruhelosigkeit derartige Anforderungen an uns stellt. Die Psychologie der Temperamente zeigt jedoch, daß wir gerade auf diejenigen negativen Eigenschaften höchst empfindsam reagieren, mit denen wir selbst zu kämpfen haben. Es sollte uns daher nicht überraschen, wenn die Intelligenzen des Wassers gerade auf unsere ungezügelten Emotionen ansprechen. Bemerkenswerterweise haben die Menschen vieles mit den ätherischen Wesen dieses Reiches gemeinsam.

Diese Ähnlichkeit verleiht dem Wasser manche nutzbringenden Eigenschaften. Dazu gehört seine Fähigkeit, den Ätherkörper zu reinigen. Ein Duschbad reinigt unsere Aura von angesammeltem negativem Magnetismus. Bis mindestens vier Stunden nach dem Bad bleibt sie frei von dieser Anhäufung, die mit dem inneren Auge als grauer Film wahrgenommen werden kann.

Halten wir uns am Meer oder nahe eines großen Wasserfalls auf, wird vor allem die Aura unseres Ätherkörpers flüssig und wasserähnlich. Die zuvor klare Begrenzung verfließt und nimmt die Erscheinung der aus der Wasserquelle entströmenden Energien an. Das gleiche geschieht, wenn auch weniger auffällig, an Flüssen oder Seen.

Meere reinigen in einzigartiger Weise den Ätherkörper. Ein zu langer Aufenthalt am Meer mag vor allem bei sensiblen Menschen zu einem Energieverlust führen. Eine ausgedehnte Seereise kann emotional und mental dienlich sein, bisweilen jedoch den Energiekörper schwächen.

Eine andere Eigenschaft des Wassers wirkt auf unsere Emotionen. Im allgemeinen stille, ruhige Meere und Seen beherbergen

Elementale, die uns helfen zu entspannen und Frieden zu finden. Die Wesen der Flüsse und Ströme besitzen eine aktivere und stimulierendere Wirkung, indem sie ähnliche Energien in uns wachrufen. Der Aufenthalt in der Nähe eines sich rasch bewegenden Gewässers kann belebend wirken oder aber ruhelos und nervös machen.

Die Auren unserer Körper reflektieren unseren jeweiligen physischen, ätherischen, emotionalen und mentalen Zustand. Die Atome, die diese Energiefelder bilden, reagieren auf äußere Einflüsse. Besonders empfindsam ist der emotionale Aspekt unserer Aura.

Die Wesen strömender Wasser stacheln unsere Emotionen auf, indem sie unruhige Gedankenformen projizieren. Diese neigen dazu, sich zu zerstreuen und aufzulösen und schließlich in die menschliche Aura einzudringen. Das Ergebnis ist eine Widerspiegelung jener emotionalen Reaktionen, die von Fall zu Fall verschieden ist. Wenn wir uns an einem stillen See oder Ozean aufhalten, können diese Wesen uns aber auch von überschüssiger Energie befreien und uns Ruhe und Frieden schenken.

Wasser begünstigt die Klarheit der Selbstprüfung. Seine emotionalen Eigenschaften veranlassen uns dazu, unsere Bewußtseinsebene zu betrachten. Ist unser Geist ruhig und still wie ein abendlicher See oder gleicht er eher dem geschäftig dahinströmenden Fluß? Entdecken wir innere Unruhe, Eindringlichkeit und Aggressivität, mag das Wasser uns an Selbstbeherrschung erinnern.

Das sanfte Fließen des Wassers symbolisiert das Ausströmen geistiger Liebe, die die Wesen dieses Elementes von uns erwarten. Wenn wir ihnen unsere Liebe geben, ermutigen wir diese unermüdlichen Geschöpfe, auch weiterhin zum Wohle der Menschheit zu wirken.

Die reinigende Eigenschaft des Wassers stellt einen besonderen Segen für uns dar. Ein Glas guten, frischen Wassers reinigt von Schlacken. Ein Bad erfrischt und spült Staub und Schmutz von unserem Körper. Wasser säubert uns nicht nur von physischer Unreinheit, sondern auch von jener des Herzens und des Geistes.

Die beiden großen reinigenden Kräfte auf unserem Planeten Erde sind Wasser und Feuer, zwei gegensätzliche Elemente, die einander verzehren. Im folgenden Kapitel wollen wir uns der Welt des Feuers zuwenden.

Ein Herr des Feuers

6
Das Feuerreich

Von allen vier Reichen ist die geheimnisvolle Welt des Feuers am weitesten entwickelt, am flüchtigsten und wird am wenigsten bewußt erlebt. Trotz oder vielleicht auch aufgrund seiner Rätselhaftigkeit spielt das Feuer in unseren Zeremonien eine wesentliche Rolle. Überall auf der Welt ist es religiöser Brauch, bei bestimmten Anlässen Kerzen zu verwenden, so zum Beispiel im Andenken an die Toten, bei Weihezeremonien oder um bedeutende, geistige Ereignisse hervorzuheben. Im Alltag entzünden wir Kerzen als Symbol unserer Gebete und Wünsche, bei Geburtstags- und Jahrestagsfeiern oder aber um uns in eine festliche oder besinnliche Stimmung einzuschwingen. Schon in grauer Vorzeit unterhielt man ein ewiges Feuer zum Zeichen der Verbindung eines heiligen Ordens mit dem Göttlichen. Die Feuerstelle im Haus wurde als geweihter Ort betrachtet.

Feuer ist die Quelle des Lichts, und Licht verbindet uns mit Gott. Feuer ist die Flamme der geistigen Suche, aber auch das Brennen der Begeisterung, die Wärme geistiger Inbrunst und der plötzliche Durchbruch zur Erleuchtung. Von den vier Elementen wühlt uns das Feuer am tiefsten auf und erweckt die Hoffnung, daß sich die Tore innerer Wahrnehmung öffnen werden. Die Engelscharen des Feuerreiches kümmern sich kaum um die Menschheit.

Wenn der Mensch jedoch die Erleuchtung erfahren hat – jenen transformierenden Augenblick, in dem sich seine Augen für das innere Gottesreich öffnen und er zu suchen beginnt, wirkt diese Erfahrung oft wie ein brennendes Feuer. Erst einmal angefacht, entzündet es das tiefe Verlangen, Sinn und Zweck des Lebens zu ergründen. Allen geistigen Pfaden ist dieses Erwachen zu eigen. Die kurze Geschichte menschlicher Evolution zeigt jedoch, daß es sich um ein seltenes Ereignis handelt.

Das Feuerelement ist eng mit dem Herannahen spiritueller Erleuchtung verknüpft. Daher werden Integrität, Ernsthaftigkeit, Enthusiasmus und heiliges Verlangen von uns erwartet. Bis wir diese Eigenschaften erlangt haben, stehen wir außerhalb des Territoriums der Feuerwesen. Doch sobald wir sie leben und unsere Gebete und Meditationen ernsthafter werden, ziehen wir Repräsentanten des Feuerreiches an. Sie helfen uns, in einer Weise zu sprechen und zu denken, die geistiges Wachstum fördert.

Aber bevor wir auf die lichten Feuerengel eingehen, wollen wir uns zunächst den jüngeren Formen dieses Reiches zuwenden.

Feuerelementale, Salamander und Flamin

Feuerwesen unterhalb der Stufe eines Engels kümmern sich kaum um den Menschen. Diese Geschöpfe, vom Elemental bis hin zum Deva, sind überall dort zu finden, wo es ein Feuer gibt. Die jüngsten unter ihnen erscheinen als *Feuerpünktchen*. Sie sind nicht größer als Scheeflocken, denen sie ähneln. Jedesmal, wenn wir ein Streichholz entzünden, rufen wir Funken oder eine kleine Flamme hervor, die für einen kurzen Augenblick diese Feuerelementale aus ihrer unsichtbaren Ätherwelt in die physische Dimension bringen und sichtbar machen.

Die nächstfolgende Stufe umfaßt die *Salamander*, deren Größe zwischen zwanzig bis sechzig Zentimetern liegt. Es sind meistens sehr lange, dünne Gestalten; ihr Gesicht ist in der Flammenzunge zu sehen. Ihre Augen und ihre temperamentvollen Bewegungen, mit denen sie sich um die Flamme kümmern, strahlen eine lebendige Intensität aus. Salamander verspüren keinerlei Verlangen, sich mit den Menschen abzugeben; im Grunde genommen ist ihnen unsere Existenz nicht einmal bewußt. Sie gehen vollkommen in ihrer einzigen Tätigkeit auf. Sie reinigen die Umgebung von aufgetürmtem Balast und Schutt, indem sie ihn aufbrauchen und alles Wertlose vernichten.

Ein Salamander

Die nächste Stufe in der Entwicklung dieser jungen Wesen ist die des *Flamin*. Seine Größe beträgt etwa sechzig bis neunzig Zentimeter, je nach Umfang der Feuersbrunst, in der sie sich befinden. Sie besitzen zwar eine begrenzte Intelligenz, aber noch kein Seelenbewußtsein, was sie instinktiv und konzentriert in ihren Bemühungen macht. Sie sind dafür zuständig, physische und psychische Müllanhäufungen, die zerstörerische Feuer verursachen könnten, aufzulösen, zu säubern und zu klären.

Wälder werden in erster Linie durch menschliche Unachtsamkeit gefährdet, insbesondere wenn sie eine willkürliche Mißachtung des Wohlergehens der natürlichen Umwelt nährt. Einige Menschen verschlimmern diese Situation aufgrund ihrer fast krankhaften Faszination, die ehrfurchteinflößende Gewalt des Feuers zu beobachten, wenn es alles verschlingt, was ihm im Weg liegt. Doch abgesehen von diesen Ausnahmen stellt das Feuer ein willkommenes und konstruktives Element auf unserem Planeten dar, das, wie wir im Folgenden sehen werden, große spirituelle Bedeutung besitzt.

Das Feuer geistigen Strebens

Über den *Flamin* stehen Intelligenzen, die das Leben der Menschen, Engel und anderer Schöpfungsformen lenken, anregen und erneuern. Das Ziel der Feuerengel besteht unter anderem darin, die Spiritualität dort zu entfachen und zu unterhalten, wo Brennstoff für diese transformierende Energie zu finden ist.

Obwohl die meisten der großen Intelligenzen dieses Reiches sich kaum um die Menschheit kümmern, sind die Feuerwesen, *Amfri* genannt, tief mit den Menschen verbunden. Sie fördern die geistige Evolution all dessen, das sie berühren.

Diese glühenden, feurigen Geschöpfe sind groß und von unsagbarer Schönheit. Sie wirken in der Hauptsache auf der mentalen Ebene. Sie suchen beständig nach Verkörperten, die ein starkes Verlangen in sich tragen, das Licht zu erreichen, indem sie nach sehnsüchtigen Geistfeuern Ausschau halten, die von den Erdenmenschen ausgehen. Viele Menschen öffnen sich nur ganz kurz für das Feuerelement. Die Amfri sind Zeugen für die aurischen Feuer, die in kurzen Momenten von den einzelnen aufblitzen.

In jenen Augenblicken, in denen alle ihre Körper und Kräfte auf das eine Ziel gerichtet sind, bietet sich den Amfri die Möglichkeit, in engeren Kontakt mit den Menschen zu treten. Sie wachen mit einer Liebe über jene Seelen, die der eines Schutzengels ähnelt – sie stehen mit dicsen auf gleicher Entwicklungsstufe – und bestärken den Jünger in der Läuterung von allem Ballast, der ihn niederdrückt, verhärtet und vom Gotteslicht absondert. Aus der Göttlichen Quelle und durch den feurigen Impuls wird der Mensch geprägt und erahnt die Harmonie eines inneren Eins-Seins, ein Erlebnis, das lebensverändernd wirken kann.

Ein Amfri beteiligt sich auch an der Lösung von Karma. Wenn wir karmische Lektionen zu lernen haben, stehen uns drei verschiedene Engel zur Seite, der Schutzengel, „Engel des Karma“ und der Amfri. Sie beobachten unsere Reaktionen, wecken die Stimme unseres Herzens und vermitteln uns Eindrücke, damit wir unsere Aufgabe konstruktiv bestehen. Ein Amfri, der sich um die Verwandlung der Gefühle kümmert, ist vor allem auf die Läuterung menschlicher Emotionen bedacht.

Segen eines Amfri

Der gesamte Prozeß hängt allerdings von der Aufnahmebereitschaft des einzelnen ab. Wenn wir unsere persönlichen Vorurteile und irrigen Vorstellungen beiseite legen und unser Bewußtsein für neue Erkenntniswege öffnen können, ermöglichen wir es jenen Engeln, die Barrieren unseres Eigenwillens zu durchdringen. Sozusagen aus dem Nichts vermitteln sie uns Einsichten, die uns die Scheuklappen von den Augen nehmen und unsere Denkungsweise aufklären. Zu diesem Zwecke findet ein Austausch zwischen dem aurischen Energiefeld des Engels und dem des Menschen statt, ähnlich der Übertragung von Radiowellen.

Ein Amfri, der reine Liebe ist, sorgt auch für die Vervollkomm-

Im Reich der Engel und Devas

nung menschlicher Beziehungen. Laut Flower und anderen geistigen Lehrern gleicht das Wesen von Liebe, Schönheit, Ehrfurcht und Mut einer Flamme. Wenn diese Eigenschaften das gesamte Sein erfüllen, werden Beziehungen, Aufgaben, Pläne und Anbetung von einem inneren Feuer erfaßt, das uns tiefgreifend belebt, läutert und transformiert.

In solchen Augenblicken ist der Mensch geistig mit den großen Feuerwesen verbunden, die ihm Befreiung von seiner Gefangenschaft in der Materie verheißen. Wenn ein Jünger geistige Standfestigkeit erlangt hat, erinnert seine Hingabe an einen flammengleichen Lichtbogen, der in seiner Aura erstrahlt. Weitere spirituelle Impulse werden seine Kräfte des Feuerelementes noch strahlender erscheinen lassen. Durch die flammengleiche Aura geistiger Sehnsucht wird der Suchende in der dauernden Obhut dieser herrlichen Feuerengel verweilen.

Durchschreitet der Mensch eine Einweihung, nimmt der Amfri, der für die Entfaltung der Seele verantwortlich ist, Kontakt mit einer nächsthöheren Wesenheit auf. Die *Firl* spenden die seelische (oder elektrische) Taufe. Sie sind noch weiter fortgeschritten als die Amfri und leben ausschließlich in der Kausalwelt. Die Kraft der Firl tritt an den Menschen heran, wenn dieser aus ganzer Seele nach Reinheit, geistiger Verantwortung und Treue zum Licht strebt. Sie wirken auf der Seelenebene, wo sie die Elektrizität nutzen, um die Entwicklung aufnahmebereiter Männer und Frauen zu fördern. Die Amfri bereiten die Erdenbewohner bewußtseinsmäßig und von der aurischen Ausstrahlung her darauf vor, der gewaltigen Aufladung standzuhalten, die jede Haupteinweihung begleitet. Während ein Amfri auf die Auflösung des Ballastes durch ein verzehrendes seelisches Feuer bei seinem menschlichen Schützling bedacht ist, gehört es zu den speziellen Aufgaben eines Firls, die elektrische Taufe vorzunehmen, wobei die kausalen Energien die höheren Körper des Schülers durchdringen, ein Prozeß, der zum Zwecke der Einweihung abläuft.

Wir sollten uns vor Augen führen, wieviele Wesenheiten und Intelligenzen zur Wiedergeburt einer Seele beitragen. Bei den Gefährten eines Menschen, die sich in der Verkörperung befinden, mögen es sieben oder mehr sein, die tätig an dem Fortschritt eines Individuums mitgearbeitet haben, daß an den Pforten zur Erleuchtung steht. Auf der Seite der Engel steht eine vergleichbare Zahl himmlischer Helfer bereit, die zur Entwicklung des Menschen beitragen. Es handelt sich um die bereits erwähnten Schutzengel, „Engel des Karma" und Amfri sowie um die Firl und die Engel, die Christus und den Heiligen Geist vertreten und andere himmlische Wesenheiten, was von dem jeweiligen Sucher auf dem Pfad abhängt. Gemeinsam machen es die Engel möglich, im rechten Augenblick einen solaren Energiestrom einstrahlen zu lassen, der das Bewußtsein und das Verhaltensmuster des Menschen, den er berührt, verändert.

Flower berichtet von einem Erlebnis, das ihr während des Sonnenaufgangs an einem Ostermorgen in den frühen Jahren Questhavens widerfuhr. Wie jedesmal zu Ostern, beobachtete sie die mächtigen „Engel der Sonne". An jenem Morgen geschah jedoch etwas Ungewöhnliches. Wie gewohnt erschienen zunächst gewaltige „Engel der Sonne" am Himmel und schufen ein strahlendes Licht. Plötzlich sah sie in diesem Feuerglanz Christus. Er richtete ein kurzes Gebet an Jenen, den er Vater nannte. Dann nahm das Licht an Intensität zu, und in ihm verhundertfachten sich die Gestalten Christi und der „Engel der Sonne". Sie lösten sich im Licht auf. Flower vernahm eine Stimme, die wie tiefe Glockentöne klang und die Worte sprach: „Mit großer Macht erfülle ich dich." Dieses segensreiche Ereignis wurde eines ihrer kostbarsten und unvergeßlichsten Erlebnisse.

Neben seinen geistigen Aufgaben vermögen die Firl uns aber auch in sehr praktischer Weise zu helfen. Sie sind die Engel, an die wir unsere Bitte um Schutz vor Feuersbrunst richten. Während feuergefährdeter Jahreszeiten oder Situationen, sollten wir diese Engel beim Namen nennen. Sie besitzen nicht nur die Macht einzugreifen, sondern sie stehen den Menschen und der gesunden Entwicklung des ganzen Planeten wohlwollend und sorgetragend gegenüber.

Der Solare Logos, die Engel des Morgens und des Abends

Über den Firl stehen die *Pitris,* in den inneren Welten bekannt als die „Väter des Feuers". Diese „Herren des Feuers" haben nur wenig mit menschlichen Zuständen oder Erfahrungen zu tun. Ihre Hauptfunktion liegt darin, als verbindende Brücken oder planetarische Botschafter unter der direkten Anweisung des Solaren Logos zu dienen, der die höchste Wesenheit des Feuerelementes in unserem Sonnensystem darstellt. Die Hierarchie des Feuerreiches ist unermeßlich und kompliziert. Es gibt zahllose Stufen über den Pitris, die zum Schöpfergott führen. Auch finden sich Stufen unterhalb der Amfri, bis hinunter zu den jungen „Feuergeistern", die aufgrund ihrer Beseelung die Bedingungen schaffen, unter denen Feuer im Reich der Erde erscheint.

Das sichtbarste und stärkste Symbol des höchsten Wesens des Feuerreiches, des Solaren Logos, ist die Sonne selbst. Es leuchtet ein, warum die Menschen ferner Vergangenheit die Sonne verehrten. Sie schenkt nicht nur Licht und Wärme, sondern ist die Quelle ungeheurer geistiger Schwingungen, die Seine physische Energie bei weitem übertreffen. Dem herrlichen Solaren Logos dient eine Vielzahl von Engelscharen. Das Werk der wunderbaren „Engel des Morgens" und „Engel des Abends" offenbart sich dem menschlichen Auge am deutlichsten.

Die „Engel des Morgens" gestalten eines der schönsten Schauspiele auf Erden, den Sonnenaufgang. Keiner gleicht dem anderen. Jeder einzelne verkörpert einen Augenblick unvorstellbaren

Ein Engel des Abends

Zaubers, den die ganze Natur andächtig erwartet. Jene strahlenden Künstler gestalten diese herrlichen Sonnenaufgänge immer wieder aufs Neue, um die ewigen, unerschöpflichen Wunder göttlicher Handwerkskunst zu feiern. Der Schönheit dieses Augenblicks fügen sie ihre Botschaft aus Strömen der Musik und der Heilung hinzu. Die „Engel der Sonne" gehen den Sonnenstrahlen, die am Horizont emporsteigen, stets voran und stärken die Liebe und das Empfinden der Dankbarkeit im Menschen und allem Leben.

Die Mittagsstunde ist eine weitere bedeutsame Tageszeit in bezug auf die Ausstrahlung des Solaren Logos. Von den inneren Ebenen aus betrachtet, bewirkt die Lichtausflutung des Logos in der ätherischen Welt ein Glühen in safrangelben, leuchtenden Strahlen, während Seine Ausstrahlung in der astralen Welt in klarem Blau, wie jenes des Rittersporns, erscheint. Die Farbschattierungen sind bedeutungsvoll. Die Wesen des Naturreiches, die auf ätherischer Ebene arbeiten, benötigen die rhythmische Anregung des Logos, dessen Kraft sie als flammende Farbwelle schimmernden Lichtes erreicht. Diese Aufladung dient sowohl der inneren Reinigung als auch der Inspiration. Sie wirkt auf gespeicherte ätherische Materie, die die Aura dieser Baumeister erfüllt und die jene Substanz aufnimmt.

Die Mittagsstrahlen üben einen unwiderstehlichen Einfluß auf unsere eigenen ätherischen Körper aus. Wir können es als Glühen unseres Energiekörpers wahrnehmen und sogar für einen bestimmten Zeitraum ein Nachglühen verspüren. Diese Empfindungen sind am stärksten, wenn wir uns draußen im Sonnenlicht aufhalten. Die Sonne schenkt unseren inneren und äußeren Körpern eine einzigartige Feinfühligkeit. Trotz der in unserer Zeit erforderlichen Vorsichtsmaßnahmen wegen der erschöpften Ozonschichten, sollte jeder möglichst täglich die lebensspendenden Sonnenstrahlen nutzen, wenn auch nur kurz.

Die „Engel des Abends" sind ebenso erfindungsreich in der Gestaltung von Schönheit wie ihre Gefährten am Morgen. Die Energie, die sie ausstrahlen, ist sehr viel friedvoller. Die Botschaft des Morgens ist Erwachen und vertiefte Hingabe, die des Abends lautet Entspannung und Besinnung. Ein Seher vermag wahrzunehmen, daß wir zur Abendzeit von höheren Wesen, die der Sonne dienen, gemustert werden, um unsere Fähigkeit und Bereitschaft, weitere Stufen auf unserem geistigen Entwicklungspfad zu nehmen, einzuschätzen.

Feuerengel der Weihnachtszeit

Das Feuerreich steht in besonders bedeutsamer Verbindung zu dem Herannahen des Weihnachtsfestes. Im Advent wird die Atmosphäre von den Bewohnern des feurigen Reiches durchzogen. Sie tragen zu dem glühenden Eifer und der Ekstase bei, die in ihrer abgeschwächten Form zu Glücksgefühlen, in voller Ausprägung zur erhabenen Verzückung führen. Die höchsten Lichtfrequenzen, die die Atmosphäre zu dieser Zeit durchfluten, erstrahlen durch jene, deren Reinheit weit über die menschlichen Vorstellungen dieser Tugend hinausreicht.

Alle fortgeschrittenen, übermenschlichen Wesenheiten unterstützen die Lebenswogen, indem sie das Wachstum, die Schönheit und Lauterkeit des Geistes entfachen. Doch vom Reich des Feuers entspringt die Kraft, die den Menschen direkt mit der Göttlichen Quelle verbindet. Besonders am Heiligen Abend erinnern uns die Engel des Feuers an die Wirklichkeit jener Himmlischen Heerscharen, die vollkommener als die Pitris sind, deren Hosiannah zu dynamischen Energiewogen erbraust und deren Lichterglanz alle Dimensionen durchzieht und erhellt.

In der Kirche von Questhaven findet zu Weihnachen eine Lichterprozession statt. Flower beschrieb die bei dieser heiligen Zeremonie anwesenden Engel, zu denen auch jene des Feuerreiches zählen. Diese Wesenheiten entfachen Flammen des geistigen Strebens in den Auren der Versammelten, die im Angesicht Christi ihr Gelübde ablegen und dabei eine Kerze entzünden. Einmal berichtete einer der Teilnehmer, wie ihn Flammen in jenem Moment zu verzehren schienen, als er dem Herrn eine eingewurzelte, zerstörerische Angewohnheit opferte. Flower bemerkte später dazu, daß ein Amfri-Engel diese Person beseelt hatte, um sicherzustellen, das ihr Entschluß von bleibender Dauer sein würde.

Die Segnung eines Budiel-Engels

7
Die Engel und das Tierreich

Im Vorangegangenen haben wir die Engel der Naturwoge betrachtet, die dem Leben auf Erden durch die vier Elemente Erde, Luft, Wasser und Feuer dienen. Doch wenn wir an die Natur denken, kommt uns auch das Tierreich in den Sinn, eine Welt, die ein ungewöhnliches Verhältnis zu den Menschen besitzt. Dieser Teil der Natur entfaltet sich unter der „Woge der Quelle des Lebens", einer der vier Hauptzweige der Engel, die auf das Leben unseres Planeten ausgerichtet sind.

Aqui, Folatel und Budiel

Es gibt drei Gruppen von Engeln, die sich um die verschiedenen Aspekte des Wohlbefindens der Tiere kümmern. Die höchsten Engel sind die *Aqui*. Diese Gruppe besitzt zwei Tätigkeitsbereiche, den der *Folatel* und den der *Budiel*.

Die Aufgabe der Folatel besteht darin, für das physische Wohl der Tiere zu sorgen. Sie benutzen Energiebänder, die auf die Verhaltensweise jener Tiere einwirken, die noch keine entwickelte mentale Fähigkeit besitzen. Auf diese Weise beeinflußt der Folatel das Tier und lenkt seinen Instinkt dahingehend, daß es Futter und

Unterschlupf zu finden vermag, Nachkommen zeugen und für sich selbst im Krankheitsfall oder in Gefahr sorgen kann.

Diese Fürsorge erstreckt sich auf alle Tiere, auch auf die uninteressanten, kaum beachteten Nage- und Kriechtiere. Der Folatel, dem die Verantwortung für diese Lebewesen übertragen wurde, sorgt für ihre schnellen Geburts- und Todesfolgen, damit sie sich zu verfeinerten und konstruktiveren Lebensformen weiterentwickeln können. Dieses Streben nach Entfaltung liegt der gesamten Schöpfung zugrunde und ist die Triebfeder der Evolution selbst.

Auch die „Budiel-Engel“ arbeiten mit Tieren auf allen Entwicklungsstufen. Sie sind für den Fortschritt und das Wachstum der individuellen Aspekte der Tiere ihres Einflußbereiches verantwortlich. Diese Funktion gleicht jener der „Engel des Schicksals“, die die Menschen anleiten. „Budiel-Engel“ achten besonders auf Zeichen beginnender Individualität. Solche Tendenzen machen sich bereits bemerkbar, bevor die Stufe eines Haustieres erreicht wird. Solche charakteristischen Eigenheiten werden von den Engeln sehr geschätzt, umsorgt und gestärkt, da sie das Ende rein instinktiven Verhaltens und den Beginn von Intelligenz und die Fähigkeit zu wählen signalisieren.

Über den Folatel und Budiel stehen die „Aqui-Engel“. Diese transzendenten Wesen beaufsichtigen nicht nur die beiden niederen Stufen, sondern sind auch für die Vorbereitung der Tiere auf eine höhere Bewußtseinsebene verantwortlich. Sie arbeiten mit jenen Tieren, die im Begriff sind, das Tierreich zu verlassen, um in die Reihen der Naturwesen emporzusteigen. Einige werden auf die Entwicklung zu einer fortgeschritteneren Lebensform anderswo im Universum vorbereitet. Die Sympathie und Liebe, die der Mensch den Tieren entgegenbringt, tragen wesentlich dazu bei, daß sie die Schwelle zur nächsten Entwicklungslinie überschreiten.

Devas im Reich der Fische und Vögel

In den beiden Engelgruppen der Folatel und der Budiel lassen sich Abstufungen der Entwicklung aufzeigen. In den Reihen der Folatel befinden sich Devas, die auf den Übergang ins Engelreich vorbereitet werden. Sie tragen zum Beispiel Sorge für die Entfaltung des Lebens im Meer, aus dem das Leben der Säugetiere hervorging. Zu dieser Gruppe gehören die *Pentee*, denen die Ordnung der festen Gewohnheiten und zyklischen Erfahrungen der Fische obliegt. Die andere Gruppe setzt sich aus den höher entwickelten *Twan*-Devas zusammen. Diese überwachen die Evolution von Arten innerhalb des Wasserelementes, eingeschlossen Säugetiere, die hauptsächlich in diesem Element leben. Unter Aufsicht eines „Aqui-Engels" gehört es ebenfalls zum Verantwortungsbereich der Twan, diesen Evolutionsprozeß zu unterstützen und zu führen.

In gleicher Weise unterstützen zwei Deva-Gruppen die Entwicklung der geflügelten Geschöpfe – vom Insekt über den Singvogel bis hin zum dahingleitenden Condor. Die erste Gruppe ist die der *Seezal,* deren Arbeit jener der Pentee entspricht. Ihnen obliegt es, die Muster des Instinkts in den geflügelten Tierarten festzusetzen, wie zum Beispiel den des Zugvogels. Die zweite Gruppe von Devas sind die *Twilvee.* Sie kümmern sich um die Entwicklung der Vögel, wie die Twan um die der Wassertiere. Beide, die Seezal und die Twilvee, verrichten eine Vielzahl von wichtigen Aufgaben, die der Evolution der geflügelten Geschöpfe dienen. Letztendlich werden diese in die Reihen der Naturwesen des Luftreiches treten, wo sie sich langsam zu Devas dieses Elementes entwickeln werden. In gleicher Weise vollzieht sich der Prozeß in der Wasserwelt. Der Plan Gottes, der ein vielschichtiges Wachstum und eine fortwährende Entwicklung vorsieht, bietet dem weisen und fürsorgenden Menschen die Möglichkeit, sich aktiv daran zu beteiligen.

Ein Seezal segnet einen Bluejay

Menschen als Führer und Beschützer von Tieren

Ebenso wie die wilden Tiere besitzen auch die Haustiere Führer und Beschützer aus dem Engelreich. Ihnen, die wir in unser Leben mit einbezogen haben, ist jedoch noch eine zusätzliche Hilfe gegeben. Vergleichbar mit dem Menschen, der sich auf ein älteres und weiter fortgeschrittenes Engelreich verläßt, so blickt das Haustier zum Menschen empor, daß er ihn beschütze und führe. Es ist ein Privileg der Menschheit, für die Tiere, die sie in ihren engeren Lebenskreis eingeschlossen hat, aufmerksam und liebevoll zu sorgen.

In gewisser Weise wird uns dadurch die Gelegenheit geboten, unsere Anerkennung für das Engelreich zu zeigen, und wir können beginnen, unsere Schulden dem Schöpfer gegenüber auszugleichen. Flower riet immer wieder dazu, ein Haustier zu halten. Sein wachsendes Vertrauen, seine zunehmende Intelligenz und Liebe zu beobachten, entschädigt die Fürsorge, die ihnen entgegengebracht wird, eine Erfahrung, die ansonsten nicht gemacht werden kann.

Hinzu kommt, daß die Aqui, Folatel und Budiel sich oft an den Menschen als die beste verfügbare Hilfsquelle wenden, den Tieren bei ihrer allmählichen Entwicklung in bezug auf die Verwirklichung ihrer eigenen Individualität und Dienstbereitschaft schützend und führend beizustehen. Betrachten wir zum Beispiel die Notlage eines verlorengegangenen oder im Stich gelassenen Hundes. Er ist höchst wahrscheinlich geängstigt und verwirrt. Im Bemühen zu helfen, mag ein Folatel-Engel oft auf einen von uns blicken, um das Problem zu lösen. Vielleicht bemerken wir die verlorene Kreatur, wie sie ängstlich die Straße auf- und abblickt. Falls wir verantwortungsbewußt sind – und dieses „falls“ ist immer die Frage in bezug auf den Menschen – dann freunden wir uns mit dem Tier an.

Wenn der Mensch sich eines solchen Tierwaisen annimmt, ruft das in dem Folatel, der über dieses Tier wacht, eine sofortige warme Reaktion hervor. Strahlen der Freude und Dankbarkeit umgeben die leidende Kreatur. Könnten wir das Empfinden tiefer Dankbar-

Ein Folatel-Engel geleitet einen Hund nach Hause

keit erleben, das der Folatel zum Ausdruck bringt, wenn ein Mensch seinem Schützling Hilfe und Trost gewährt, würden wir in Zukunft weit über uns selbst hinausgehen, um einen derartigen Dienst zu leisten.

Die Landstraße, die sich zum Questhaven Zentrum entlangwindet, ist ein beliebter Ort, unliebsame Tiere im Stich zu lassen. Im Laufe der Jahre haben Flower und Bewohner des Zentrums diese Ausgestoßenen aufgelesen und gesundgepflegt. Als Gäste beim Sonntagsgottesdienst in der kleinen Kirche hat mancher Kirchenbesucher, gerührt von seiner Lage und seinem Charme, das eine oder andere Tier adoptiert. In diesem Geiste sind Haustiere stets willkommen, mit ihren Besitzern an den Gottesdiensten in unserer Kirche teilzunehmen. Im Gegensatz zur üblichen Haltung der Menschen den Tieren gegenüber, hat Flower immer die Liebe zu allen Kreaturen betont und die Anerkennung der Tiere offen bekundet. Selbst diejenigen, die zuvor kaum einen Gedanken an die Existenz dieser Geschöpfe verschwendet hatten, öffneten sich der Tierliebe.

In ihrem Buch *These, Too, Shall Be Loved* schreibt Flower: „Man hat gesagt, daß ebenso wie der Mensch seine Hand ausstreckt, damit ein liebevoller Engel sie ergreift, muß er seine Hilfsbereitschaft nach unten richten und das Leben der Kreaturen wohlwollend berühren und beeinflussen. Das Bemühen, das Leben zahlloser Geschöpfe emporzuheben, hat meinen täglichen Erfahrungen völlig neue Dimensionen hinzugefügt. Die Freundschaft, die ich mit diesen jüngeren Lebensformen geschlossen habe, hat mir unvergeßliche Freuden und Segnungen beschert."

Sobald wir auf die Eingebungen der Folatel-Engel reagieren, ereignen sich oft bemerkenswerte Vorfälle. Flower erzählte von einem Erlebnis kurz nach Entstehen des Zentrums. Sie fühlte sich sehr stark zu Cocker Spaniels hingezogen und sammelte Bücher und Artikel über diese Rasse. Sie begann, sich einen solchen Hund an ihrer Seite vorzustellen. Bei einer Vortragsreise in Chicago schenkte ihr einer der Zuhörer einen Cocker Spaniel. Dieser liebenswerte Hund begleitete sie viele Jahre lang. Dann erkrankte er und starb auf dem Untersuchungstisch des Tierarztes. Traurig kehrte Flower nach Questhaven zurück; am Eingangstor stand ein offenbar im Stich gelassener Cocker Spaniel. Er glich ihrem Hund in einer Weise, daß man hätte annehmen können, sie entstammten ein und demselben Wurf. Den Hund aufnehmend, dankte Flower dem Folatel-Engel aus tiefstem Herzen für dieses zeitlich so passende Geschenk.

Die Hilfsbereitschaft eines Folatel äußert sich oftmals im Schutz eines verlorenen Tieres. Flower erzählte in diesem Zusammenhang von einem Vorfall, der die Lieblingskatze der Familie betraf. Man hatte das Tier zu einem Ferienaufenthalt in der Berghütte mitgenommen. Auf der Heimfahrt hielt die Familie an, um Abfall auf die dortige Müllhalde zu werfen. In dem kurzen Moment, da die Autotür offenstand, sprang die Katze aus dem Wagen und verschwand im Unterholz. Vater, Mutter und vier Kinder machten sich auf die Suche. Aber nach einer Stunde fehlte immer noch jedes Zeichen von der Katze. Es war bereits kurz vor Einbruch der Dunkelheit und die Wahrscheinlichkeit, ohne die Katze weiterfahren zu müssen, stieg. Schließlich betete die Familie gemeinsam zum Folatel-Engel der Gegend und bat, sie zum Versteck ihrer Katze zu führen. Innerhalb weniger Minuten fühlte sich die Mutter veranlaßt, die Straße aufwärts, auf eine in einiger Entfernung gelegene Lichtung zuzugehen. Einer der wenigen Bäume zog ihre besondere Aufmerksamkeit an. Dort, hoch oben in den Zweigen, entdeckte sie die Katze. Voller Freude dankte sie dem Folatel und vermochte das Tier herunterzulocken.

Bei einer anderen Gelegenheit fuhr die Familie auf einer Wüstenstraße in Richtung eines Lieblingsberges. Urplötzlich nahm Flower die Gestalt eines riesigen Folatel-Engels wahr, der sich in einiger Entfernung vor ihnen erhob. Der Anblick dieses wunderbaren Wesens bewegte Flower zutiefst, obwohl es nicht offensichtlich war, welche Kreatur es beschützte. Der Engel gab ihr zu verstehen, daß ein winziger Hund ein gutes Zuhause benötigte. Wenige Augenblicke später trottete ein kleiner schwarzer Welpe am Straßenrand. Verwahrlost und ausgestoßen, erkannte die Hündin rasch ihr gutes Schicksal und hüpfte ins Auto. Flower nahm sie mit nach Hause, gab ihr den Namen Frolic und erfreute sich während der nächsten fünfzehn Jahre ihrer Gesellschaft.

Abgesehen von Notsituationen schätzen es die Folatel und Budiel, wenn sich die Menschen in täglichem Rhythmus liebevoll um ihre Haustiere kümmern. Wir sollen diese respektieren, pflegen und uns in echter Fürsorge stets um ihr Wohlbefinden kümmern. Es fördert die Entwicklung ihrer Intelligenz und ihrer Persönlichkeit, wenn wir sie täglich spazierenführen, mit ihnen sprechen, ihnen genügend Aufmerksamkeit schenken und ihnen zu verstehen geben, daß wir sic als Mitglieder unseres Haushaltes schätzen. Empfinden wir aufrichtiges Mitgefühl für diese jüngeren Lebensformen, befinden wir uns in der Gesellschaft jener himmlischen Wesen, die es erfreut begrüßen, wenn ihre Schützlinge von Menschen umsorgt werden. Wie oft müssen die Engel mitansehen, daß die Tiere gejagt, ausgerottet, mißbraucht oder vernachlässigt werden, was wohl kaum eine Grundlage für Vertrauen und Harmonie bildet, die Voraussetzung zur Erleuchtung.

Engel und die Tierevolution

Ein einziger Aqui, Folatel oder Budiel trägt die Verantwortung für Hunderte von Tieren. Je weiter fortgeschritten der Engel, desto ausgedehnter wird sein Einflußbereich sein. Jeder Engel entwikkelt mit der Zeit eine Vorliebe für eine bestimmte Tierrasse. Er mag zum Beispiel die Evolution jener Geschöpfe führen und unterstützen, die sich über die Stufen von Schakalen, Kojoten, Füchsen und Wolfen zu Hunden entwickeln. Das gleiche gilt für die Evolution von Vögeln und Fischen. Auch sie ziehen himmlische Schirmherren an.

Dieser allmähliche Aufstieg von der niederen zur gehobeneren Form bildet das Grundthema irdischen Lebens. Es erfüllt jene Engelwesen, die die Welt der Kreaturen schützend einhüllen, jedesmal mit großer Genugtuung, wenn eines dieser Geschöpfe die nächste Stufe nimmt, die alten festgefahrenen Gewohnheiten hinter sich läßt und neue Fähigkeiten erlangt.

Leben bedeutet, die Leiter der Evolution emporzusteigen. Diese aufwärtsstrebende Kraft verleiht ihm Sinn und Richtung. Viele Menschen sind derartig in ihre eigene Welt vertieft, daß sie dieses Muster übersehen, das ihnen und allem Leben gemeinsam ist. Die Aqui, Folatel und Budiel sehen, daß der Mensch von ungeheurer Hilfe sein kann und blicken geduldig dem heraufdämmernden Wassermann-Zeitalter der Erleuchtung entgegen. Immerhin besitzen die Tiere einen Seelenfunken, der sie eines Tages auf ihrer individuellen Entwicklungslinie zur Meisterschaft führen wird. Wir Menschen haben die Gelegenheit, das Privileg und die Verpflichtung, gemeinsam mit den Engeln alle Kreaturen auf ihrem Entwicklungsweg zu unterstützen.

Eine Kathedrale im Reich der Natur

8

Das Göttliche in der Natur

Einen winzigen Einblick in das innere Wirken der vier Naturreiche erhascht zu haben, erweitert unser Blickfeld und bereichert unser Wissen in bezug auf die Wirklichkeit, die jenseits des Schleiers der physischen Welt liegt. Dieses gehobene Bewußtsein macht uns die inneren Welten zugänglich. Zum Abschluß wollen wir nun betrachten, wie dieser Zugang die Grundlage zum Erwachen unserer geistigen Wahrnehmung bilden kann.

Die Natur ist ein direkter und wirksamer Weg zu Gott. In ihren Kathedralen und am Wege gelegenen Schreinen sind menschliche Sucher willkommen, Ihn anzubeten. Viele vor uns haben ihre Eindrücke in bewegender Weise niedergeschrieben. Der amerikanische Schriftsteller Maltbie D. Babcock bemerkt in

„Thoughts from Everyday Living“:

Das ist meines Vaters Welt
Ich lausche dem Gesang der Natur
Sphärenmusik hüllt mich ein.

Charles Towne drückt das gleiche Empfinden aus, wenn er in „Selected Poems“ (1925) schreibt:

Meinen Glauben brauche ich nicht lauthals zu verkünden
Die schweigenden Bäume, der stille Rasen, die lautlosen Sterne,
Deren Kraft sich nie verschwendet, die stummen Hügel.
Wie beredt sprechen sie doch alle von Gott!

Vorbereitung auf einen Streifzug durch die Natur

Wie können wir uns praktisch darauf vorbereiten, daß der Besuch eines Naturschutzgebietes als Gelegenheit zu geistigem Fortschritt genutzt werden mag? Dazu müssen wir zunächst unsere Voreingenommenheit fallen lassen und uns für die Göttliche Weisheit und Kreativität öffnen. Der erste Schritt ist Klärung, die Befreiung unseres Geistes von allem Überflüssigen und Nutzlosen. Wir sollten eine Woche vor dem Besuch eines Tempels der Natur, zum Beispiel eines Nationalparks oder einer Bergregion, mit diesem Reinigungsprozeß beginnen. In unsere Vorbereitung können wir auch die Lektüre der Werke von Naturalisten und Mystikern einschließen, denen in den Naturheiligtümern tiefe geistige Wahrheiten zuteil wurden. Wir sollten auf jene Schriftsteller achten, die nicht nur die äußeren Naturschönheiten beschreiben, sondern das Kunstwerk des Schöpfers in den Wundern der Natur erkennen. John Muir, den Autor von „The Mountains of California", haben wir bereits erwähnt. Andere in dieser Reihe zu nennende Schriftsteller wären Edwin Way Teale („Circle of the Seasons"), Hal Borlans („Our Natural World"), Edwin Bernbaum („Sacred Mountains of the World"), Henry Beston („The Outermost House"), Sigurd Olson („Listening Point") und Henry David Thorcau („Walden").

Eine weitere hilfreiche Form der Vorbereitung ist die Visualisation. In der Meditation können wir uns die innere Welt der Natur vorstellen, ihre Wesen und Intelligenzen, denen wir auf unserer Wanderung sehr wohl begegnen mögen. Wir können auch gute Wetterbedingungen, eine sichere Reise und eine angenehme Unterbringung vor unsere inneren Augen rufen, alles praktische Überlegungen, die unseren Ausflug störungsfrei gestalten. Andererseits sollten wir uns aber auch eine Geisteshaltung vorstellen, die uns mit den Unbillen unvorhergesehener Situationen in konstruktiver Weise umgehen läßt.

Als hilfreich bei der Planung eines Ausflugs erweisen sich Flowers Bemerkungen über den Grad der Aufnahmefähigkeit, den man von den Wesen der vier Naturreiche erwarten mag. Die Wesen des Erd- und Luftreiches neigen am ehesten dazu, einzelnen Menschen ihre Aufmerksamkeit zu schenken. Die besten Bedingungen dazu bieten die Berge, wo die Devas die größte Freiheit besitzen, auf unsere jeweiligen Bedürfnisse einzugehen, falls wir uns selbstlos zeigen. Die Wesen des Reiches der Erde schätzen Selbstlosigkeit und fühlen sich von Menschen abgestoßen, deren Motivation ihren eigenen Interessen dient. Luftwesen schätzen Loyalität zur Familie und den Zielen, die man sich gesteckt hat, besonders aber zu spirituellen Idealen. Die Wesen der Wasserwelt kümmern sich am wenigsten um die Menschen, obschon sie eine menschliche Eigenschaft ganz besonders bewundern, und das ist emotionale Stabilität. Die Feuerwesen interessieren sich kaum für den Menschen, es sei denn sie gehören zur Stufe der Engel. Sie schenken der Reinheit die größte Bewunderung. Die Engel des Feuers entfachen die Flammen des heiligen Enthusiasmus und geistiger Inbrunst.

Ein letzter, doch sehr wesentlicher Teil der Vorbereitung, ein Markstein jeder geistigen Suche, besteht darin, sich von der Ich-Bezogenheit zu befreien und das Ausgefülltsein mit Gott anzustreben. Ein Empfinden demütigen Staunens stimmt unsere innere Wahrnehmungsfähigkeit ein, nämlich Empfänglichkeit für Intuitionen, Impressionen und letztendlich die Gegenwart Gottes. Wir dürfen nicht vergessen, daß sich Naturgeister von jeglichem Anzeichen der Ichbezogenheit zurückgestoßen fühlen. Um eine solche hemmende Geisteshaltung zu vermeiden, sollten wir uns in die Wunder der Schöpfung versenken, bis wir schließlich wie ein Tau-

Eine Elfe im Garten

tropfen im Ozean der Unendlichkeit Gottes aufzugehen scheinen. Dieses Bild ist mehr als nur eine phantasievolle Analogie, es spiegelt die Erfahrung einer Transzendenz wider, deren Kraft uns in eine andere Dimension trägt.

Flower rät ebenfalls, daß wir eine Pilgerfahrt immer mit der Gesinnung heiliger Erwartung antreten sollten. Wenn sich jemand mit einer solchen Haltung auf den Weg macht und Einsichten, Entdekkungen und Offenbarungen entgegenblickt, wirkt diese allumfassende Einstellung nicht nur transformierend auf seine Erfahrung der Natur, sondern er sieht auch Menschen und Ereignisse, die ihm begegnen, in einem anderen Licht. Er erkennt das Göttliche in allem und jedem. Ein solcher Bewußtseinszustand kann zu einem lebensverändernden Abenteuer werden und den Schüler für die Lehren der Natur öffnen.

Die Einstellung heiliger Erwartung bereichert augenblicklich die Wahrnehmungsfähigkeit, das Vermögen, tief in die Göttliche Wirklichkeit zu blicken. Das betrifft nicht nur unsere gewöhnlichen fünf Sinne, sondern auch den sechsten Sinn. Die Natur ist für sie ein Festschmaus. Vielleicht sehen wir auf unserer Wanderung Bäume und Blumen so, als wäre es zum ersten Mal. Während wir dem sanften, sehnsuchtsvoll säuselnden Wind, der durch die Föhren streift, oder der lyrischen Melodie eines fröhlich dahinplätschernden Gebirgsbaches lauschen, hören wir Lobgesänge an den Allerhöchsten. Aber auch die anderen Sinne kommen auf ihre Kosten. Da ist die herbe Süße der Früchte oder der mit der Jahreszeit sich verändernde Wohlgeruch unzähliger Düfte, die eine Seebrise oder der Gebirgswind heranweht. Der Gefühlssinn wird angeregt, wenn man den Stamm eines alten Baumes umschlingt oder der Körper die Wiese spürt, in die man sich zur Rast niederläßt und über das bis dahin Erlebte nachsinnt.

Streifen wir durch die Heiligtümer der Natur, dann werden die feinsten Ebenen unserer Sinne angesprochen. Doch der geheimnisvolle sechste Sinn übersteigt das von ihnen Erfaßte. Er ermöglicht die Erfahrung der inneren Welten der Natur. Für die meisten Menschen liegen die Anfänge seines Gebrauchs in Intuiton und Wahrnehmung von Eindrücken oder in kurzen Einblicken, die sie erhaschen und Wahrheiten, die einem inneren Wissen entspringen. Diese Offenbarungen widerfahren uns häufig in Form von Erkenntnis. Die Quelle dieser erleuchtenden Erfahrungen bleibt oft verborgen, aber wir dürfen annehmen, daß es meistens die Engel sind, die uns zu derartigem Erleben verhelfen. Das trifft vor allem dann zu, wenn wir alleine in der Natur sind und uns ehrfürchtig auf die Energien und Rhythmen dieser Dimension einschwingen.

Wenn wir durch die Wildnis wandern, sollte es in langsamer Gangart geschehen, wobei wir den Strom der Beobachtungen und Gedanken, der unsere Aufmerksamkeit erhellt, still in uns aufnehmen. Unser Geist sollte fein aufeinander abgestimmten Instrumenten gleichen, versenkt in andachtsvolle Bewußtheit des Friedens und der Gegenwart Gottes. In heiliger Erwartung blicken wir kleinen Offenbarungen entgegen, was uns eine erhöhte Aufnahmefähigkeit schenken wird. Im Herzen der Bewußtheit ruht die Kunst, „eine ganze Welt in einem einzigen Sandkorn“ zu schauen, wie der Dichter Blake es ausdrückte. Und wir fragen uns, ob wir tatsächlich die Sandkörner näher betrachtet haben, die in unserem Leben verstreut liegen und die wir als gewöhnlich abgetan haben. Die geistige Haltung heiliger Erwartung führt uns zu jenem magischen Augenblick, in dem wir die Schwelle der Wahrnehmung überschreiten und Welten in Welten erblicken. In diesem Bewußtseinszustand findet eine Wandlung des Beobachters, nicht des Beobachteten statt.

Bergpfade

Es gibt keine bessere Umgebung für die Erfahrung des Überbewußtseins als einen Gebirgspfad. Während wir emporsteigen, können sich unsere Gedanken mit John Muirs Ansichten über die freie

Natur beschäftigen. „Der klarste Weg ins Universum führt durch einen unberührten Wald.“ Welch ein Aufruf für den, der ihn vernimmt! Mit dem schottischen Mystiker und Schriftsteller des neunzehnten Jahrhunderts können auch wir uns für die Überzeugung öffnen, daß „alles in der Natur eine Offenbarung Gottes ist“. Unsere Seele mit einer solchen Einstellung zu wecken, läßt uns sichergehen, daß wir auf unserem Weg nichts übersehen werden. Dann gestaltet sich unser Ausflug in die Natur zu einer spirituellen Suche, einem Abenteuer unbegrenzter Möglichkeiten.

Es ist hilfreich, einen uns unbekannten Weg zu wählen, um lebhafte Inspirationen zu empfangen. Während man voranschreitet, ist es empfehlenswert, zu Gott zu beten: „Laß mich Dich in allem erkennen.“ Immer wieder wenden wir die Gedanken unserem Verlangen zu, mehr von der Göttlichkeit im Reich der Natur zu entdekken.

Eine der Lektionen, die sie uns lehrt, ist die der Geduld und scheint im Widerspruch zu unserer Begeisterung zu stehen, mit der wir unsere Reise beginnen. Der Mensch neigt dazu, sofortige Offenbarungen zu erwarten. Gott aber erwartet von uns einen Transformationsprozeß. Ein vertrautes geistiges Gesetz besagt, daß man, um zu empfangen, zuerst geben muß. Dieses Geben bedeutet häufig, sich selbst zur Seite zu stellen, um erkennen zu können, was jenseits liegt. Nicht jede Naturwanderung mag uns daher bereit finden, neue Einsichten aufzunehmen. Wir sollten jedoch nicht mit Enttäuschung darauf reagieren, sondern mit Ausdauer und Vertrauen. Die Natur ist so unverfälscht, daß der Mensch oft nicht fähig ist, an ihren Geheimnissen teilzuhaben.

Wenn wir uns unserer Verantwortung bewußt sind, uns möglichst gewissenhaft vorzubereiten, dann werden wir erkennen, worauf wir das Schwergewicht zu legen haben.

Im Laufe unserer Wanderung mögen wir den Naturwesen, die uns umgeben, Fragen stellen. Für welche Lektion wäre ich im Augenblick aufnahmebereit? Hält der Geist dieses Waldes eine be-

Ein neugieriger Gnom

stimmte Grundnote oder ein gewisses Thema für mich bereit? Während wir derartige Fragen stellen, mögen wir uns als Schüler in den unteren Klassen einer zeitlosen Schule betrachten und uns vor Augen halten, daß Offenheit und Bescheidenheit gegenüber der Weisheit der Natur eine wesentliche Rolle spielen.

Während wir auf dem Wanderweg, der nun zum geistigen Pfad geworden ist, voranschreiten, reflektieren wir über unsere tiefe Liebe zu Gottes von Wundern erfüllte Schöpfung. Wir können nun beginnen, die aufschlußreichste aller Künste zu studieren, die zur Erleuchtung in der Natur führt, die Sprache der Zeichen und Symbole. Gottes Handschrift läßt sich in Bäumen, Felsen, knorrigen Holzstückchen oder anderen Naturobjekten, die eine Botschaft für uns bereithalten, entdecken. Flower erfreute sich immer wieder an solchen Hinweisen. Das Geheimnis des mystischen Weges der Kommunikation mit dem Naturreich besteht darin, sich nicht auf sie direkt und absichtlich zu konzentrieren, sondern einfach aufnahmebereit zu sein, voller Staunen und Anerkennung. Dann sprechen die Schätze der Natur Bände.

Einige Objekte bergen verschlüsselte Botschaften. Ein gewundenes Holzstück, das sich nach oben hin verjüngt, steht für geistiges Streben; ein dreieckiger Stein betont das Erklimmen des Gottesberges; ein Stück Baumrinde mit einem Astloch könnte auf das dritte Auge hinweisen. Andere Objekte tragen eine eher persönliche Mitteilung. Flower fand einmal ein kleines Stück Holz, nicht größer als eine Kinderhand. Die eine Seite sah abstoßend aus, die andere wie eine Kamee, die eine winzige Madonnenfigur enthält. Als sie dieses Holzstück fand, betete sie gerade für einen Menschen, der sich nicht anpassen konnte und eine sehr verschwenderische, materielle Einstellung besaß. Ihr Fund verdeutlichte ihr, daß diesem Mann eine zweifache Natur zu eigen war. Die Madonna symbolisierte, daß sich ein feinerer, gütigerer Charakterzug zu entwickeln begann.

Flower fand auf ihrem Weg auch Gegenstände aus Holz oder

Stein, die Bluebirds, Eulen, Hunden, Eichhörnchen, Elfen oder Herzen glichen. Einmal entdeckte sie ein Holzstück, das einen Gazellenkopf darstellte und aussah, als habe ein Künstler ihn geschnitzt. Jeder Fund enthüllt seine jeweilig passende Botschaft. Diejenigen Dinge, die eine Mitteilung für uns bereithalten, liegen auf unserem Weg, und unsere Augen werden sie im richtigen Moment streifen.

Flower wies ebenfalls darauf hin, daß sich unser sechster Sinn nicht eher entfalten wird, als bis wir alles um uns herum in tiefer Liebe umfangen. Wenn wir in wahrer geistiger Liebe zur Natur erwachen, wird unsere seelische Kraft voller Freude erblühen. Man wird Dinge sehen und spüren, die man vordem nur erahnte. Manche Menschen können es nicht abwarten, Gott mit ihrem ganzen Wesen zu spüren. Aber schon das Erreichen einer solchen Erkenntnis würde das Anstoßen an die Grenzen des Kosmischen Bewußtseins bedeuten. Mit dem Betreten der ersten Stufe zur Erleuchtung ist eine große, nie zuvor gekannte Fröhlichkeit verbunden.

Obwohl man einen engen Kontakt zur Ewigen Quelle herstellen möchte, sollte man zunächst seine fünf physischen Sinne dahingehend üben, daß sie einen Hinweis auf das Göttliche in der Natur vermitteln. In den Bergen verfeinert sich sogar unser Geruchssinn. Bemüht man sich, das Göttliche in unserem Umfeld zu entdecken, werden schwache Eindrücke des Unsichtbaren in das Bewußtsein eindringen. Über die Intuition wird man einer Art leuchtender Energieströme gewahr werden, die in dieses Gebiet einfließen.

Wenn wir die Kuppe des Berges erreicht haben, spüren wir vielleicht, von welchem der umliegenden Berggipfel die erfrischende Energie strömt. Man wird in solchen Höhen einer ungewöhnlich lebhaften Wesenheit begegnen, die uns in einer Weise berührt, die unseren Geist erhebt. Jedes einzelne Atom unseres Seins wird belebt und erfrischt werden.

Bergab wandernd, rasten wir, unseren Rücken an den Stamm einer kräftigen Föhre gelehnt. Oder wir legen uns flach auf den Boden und blicken in den Himmel über uns. Die silbrig glänzenden Wipfel der Nadelbäume betrachtend, spüren wir, wie die freiwerdende ätherische Energie sanft himmelwärts strebt, ein Vorgang, der reinigend und erneuernd wirkt. Wir können die Zeit nutzen und unsere eigene Übung des Loslassens durchführen. Wir entlassen alle unsere Unsicherheiten, Ängste und unser Widerstreben, zu den täglichen Pflichten zurückzukehren, hinaus in das weite, blaue Firmament. Die transformierende Kraft unserer Wanderung wird für immer lebendig in uns bleiben.

Wir genießen die Fülle der Erfahrungen, die uns der Tag beschert hat. Häufig hielten wir uns in der Gegenwart von Baum-Devas auf. Unser Wissen um ihre lebendige Wirklichkeit verband uns enger mit den Bäumen, über die sie wachen. Wieviel mehr schätzen wir nun die starken Wächter des Waldes! Etwas höher auf dem Wanderpfad fühlten wir den frischen Wind, der uns an die Murmlo, die Engel des Luftreiches, erinnerte, die für die Luftströme verantwortlich sind, die den Planeten umwehen. Offen für das Göttliche, hörten wir sie eine sanfte, sehnsuchtsvolle Melodie zum Lobe des Schöpfers spielen.

Wenn die Schatten länger werden, erinnern die Farben des Sonnenuntergangs, die den Horizont erfüllen und die ganze Landschaft mit ihrer Glut überziehen, an die Engel des Morgens und die Engel des Abends, die in so wundersamer Weise den Tag beginnen und beenden. Wir lassen uns auf einem Stein nieder und betrachten das herrliche Naturschauspiel der sich zurückziehenden Sonne. Es ist die Stunde der Betrachtung, Angleichung und Rückbesinnung.

Die Schule der Natur hat uns vieles in den vergangenen Stunden gelehrt. Wir haben vor allem gelernt, wie wesentlich die Aufgeschlossenheit für die Natur auf der Suche nach Erleuchtung ist. Wir zeigen nicht nur unser Interesse und bekunden unsere Aufmerksamkeit, sondern verlieben uns in sie. Eine solche Liebe läßt uns vom äußeren Schein der Schöpfung in ihr Herz vordringen. Eine prächtige Blume wird nun zu einem Kunstwerk an Schönheit und Offenbarung. Jede zarte Blüte enthüllt die Geheimnisse des Universums.

Aufgeschlossenheit für die innere Schönheit der Natur führt zu tieferem Schauen, der Quelle der Erleuchtung. Auf diese Weise können wir uns über den Dschungel weltlicher Voreingenommenheit erheben und die Pfade des Gottesberges beschreiten. Flowers lebendiges Wahrnehmungsvermögen unterschied sie von vielen anderen Sehern und geistigen Lehrern. Sie erblickte immer das Ungewöhnliche. Ihre eigene Transformation transformierte jene um sie herum, ein Geschenk für alle, die sie kannten.

Tagebuchaufzeichnungen

Für jeden, der Erleuchtung durch die Natur sucht, wird ein Tagebuch von Nutzen sein. Es kann zum Dokument unserer von Prüfungen und Herausforderungen begleiteten Abenteuer und Entdeckungen werden und einen Maßstab für unseren Fortschritt bilden. Es läßt Höhepunkte verschiedener Reisen wieder aufleben, insbesondere, wenn diese inspirierend und erleuchtend waren. Jede einzelne Reise besitzt zwar ihren eigenen Charakter, doch insgesamt gesehen enthüllen sie oft ein Muster, vergleichbar mit einem sich in alle Richtungen windenden Gebirgspfad, der zum Gipfel führt. Die Reihenfolge der Entdeckungen zeigt bisweilen eine interessante Geschichte, die sich im Nachhinein oft als bemerkenswert und aufschlußreich erweist. Das daraus zu erkennende Muster trägt nicht nur zur persönlichen Erleuchtung bei, sondern wirft auch Licht auf die Psychologie der Erleuchtung an sich.

Oft handelt es sich nur um einen einzigen Vorfall, der so bahnbrechend wirkt, daß man ihn als archetypisch bezeichnen könnte. Flower berichtet von einem solchen Erlebnis. Sie arbeitete gerade an einer neuen Vortragsserie für ein bevorstehendes Programm. Um den Druck der zeitraubenden Aufgabe zu mildern, zog sie sich ins Gebirge zurück. Doch der Termindruck wich nicht von ihr. Eines Morgens notierte sie in ihr Tagebuch: „Nun ist es genug! Ich brauche mich nicht von der Fülle meiner Arbeit belasten zu lassen. Ich kann mich davon befreien." Dann wanderte sie einen Bergpfad empor. Aber selbst ihr inbrünstiges Gebet und die Frische der landschaftlichen Umgebung vermochten sie nicht zu beruhigen.

Schließlich gelangte sie an einen ihrer Lieblingsbäume. Sie lehnte sich an seinen Stamm, blickte empor, atmete tief und betete: „Es muß doch Freiheit geben, Loslösung und Frieden. Belehre mich!" In diesem Augenblick nahm sie eine strahlende Wesenheit wahr, die sie als ihren Schutzengel erkannte. Er sprach: „Blicke empor und lasse dich von dem beeindrucken, was du siehst." Gehorsam schaute Flower in den strahlend blauen Himmel hinauf. Weiße Wolken zogen frei, geordnet und voller Heiterkeit am Firmament dahin. Es gab keine Eile, keinen Druck. Es gab nur eine klärende Unendlichkeit. Die Bürden des Tages fielen von ihr ab, Friede und Freiheit kehrten wieder ein.

Sie wußte nicht, wie lange sie dort gestanden und ins Himmelsgewölbe emporgeschaut hatte, doch plötzlich strömten aus höherer Ebene die Ideen in ihr Bewußtsein. Die Themen der Vorträge, die sie vorzubreiten hatte, füllten die Seiten ihres Tagebuchs.

Uns alle erwarten solche Entdeckungen in der Natur. Auch uns schenkt sie Erneuerung, Offenbarung und Transformation. Ihre Unberührtheit kann Schmerzen lindern, Wunden heilen, Fehler wiedergutmachen, die Augen öffnen und unsere Sichtweise erhellen. Sie vermag die Herzen zu erfreuen und unseren Geist zu erleuchten. Versenkung in die Natur schenkt Selbstvergessenheit und läßt uns die Schwelle zum Gottesbewußtsein überschreiten. Das Losungswort lautet – Liebe zu Gott und seiner Schöpfung.

Die Natur und ihre Engel sind stets Flowers freundlichste und leuchtendste Ratgeber gewesen. Sie empfiehlt uns: „Neben Christus ist die Natur unsere größte Lehrmeisterin. Bereite dich auf eine Begegnung mit ihr vor, indem du still und mit äußerster Wachsamkeit lauschst. Du mußt alleine wandern, um zu schauen, nachzudenken, zu fühlen und Unterweisungen zu erhalten. Sei andachtsvoll, aufgeschlossen und aufnahmebereit. Blicke zum Himmel empor. Mit einem Male wird sich alles verändern, und du wirst voller Staunen dastehen. Du wirst die Einheit mit den Intelligenzen der Natur spüren. Ein nie zuvor gekannter Kraftstrom wird in dich hineinfließen. Im Weitergehen wirst du das Erlebte verarbeiten. Jene Wesenheiten, die den Wanderer auf seinem Weg beobachten, bedenken ihn mit ihrem Segen. Bewahre einen offenen, forschenden Geist, deine Willensbeherrschung, deine Aufnahmefähigkeit, Belehrbarkeit und dein Gespür für die Wunder. Sei Gotterfüllt, Gottes-trunken und Gott-erleuchtet."

Wenn wir dem Rat dieser Weisen folgen, werden die Naturengel gewiß zu unserer Hilfe eilen. Mit ihrer Unterstützung und der Herrlichkeit der Natur als unserer Schule und Kathedrale können wir, wie Shakespeare es ausdrückt:

Zungen in den Bäumen, Bücher in den plätschernden Bächen,
Predigten in Steinen und das Gute in allen Dingen finden.

Begriffserklärungen

Airwee Fortgeschrittene Engel des Luftreiches, die die Atmosphäre und das Wetter beaufsichtigen.

Allrays Sie sind die jüngsten Engel der Reiche der Erde, auch bekannt als Engel der Gipfel.

Allsees Fortgeschrittene Engel, die dem Reich der Erde dienen. Sie wohnen in Gebirgsgegenden des Planeten und sind für weite Gebiete verantwortlich.

Amfri Jüngster Engel des Feuerreichs, der den Menschen auf seinem Weg zur Erleuchtung inspiriert.

Aqui Fortgeschrittene Engel, die sich um das Tierreich kümmern. Sie bereiten die Tiere auf höhere Entwicklungsstufen vor.

Baum-Deva Wesen des Reiches der Erde, eine Stufe unterhalb des Engelreiches. Sie sind für das Wohl der Bäume und Wälder verantwortlich.

Budiel	Engel, die für den Fortschritt und das Wachstum der individuellen Aspekte einzelner Tierarten verantwortlich sind.
Cilarae	Die jüngsten Engel des Luftreichs, auch bekannt als Engel der Winde. Sie beschäftigen sich mit den durch die Erdrotation verursachten Luftströmungen.
Deva	Ein fortgeschrittenes Naturwesen, das eine Stufe unterhalb des Engelreiches steht.
Elemental	Die jüngste Form der Naturwesen in den vier Reichen.
Elfen	Sie stehen eine Stufe über den Elementalen und gehören zum Reich der Erde
Engelreich	Evolutionslinie, die jene der Menschen ergänzt und vier Wogen umfaßt.
Engel	E. der Gegenwart Christi. Sie befinden sich am Beginn der Erzengelentwicklung und dienen der „Woge der Liebe" und Christus. E. des Abends. Sie gehören dem Feuerreich an, gestalten den Sonnenuntergang und senden Schwingungen der Ruhe und Besinnung aus. E. des Morgens. Sie gehören dem Feuerreich an und gestalten den Sonnenaufgang, wobei sie Schwingungen des Erwachens und der erneuten Hingabe aussenden. E. der Einweihung. Sie wachen über dem Wachstum junger Engelwesen oder Naturgeister.
Engel der Elektrizität	Sie gehören dem Luftreich an. Sie wachen über die Kräfte des Magnetismus und der Elektrizität.

Engelprinz	Titel des höchsten Tija, der die Verantwortung für die Atmosphäre oder das Wasser der Erde trägt.
Erbauer	Die jüngsten und kleinsten Elementale des Luftreiches, die für den Austausch von Kohlendioxid zu Sauerstoff sorgen.
Firl	Fortgeschrittene Engel des Feuerreichs, die den Menschen durch die Tore der Initiation und Erleuchtung geleiten.
Flamin	Feuerwesen auf der Stufe eines Deva.
Flußkönige	Fortgeschrittene Devas des Wasserreichs, die über die Flüsse der Welt herrschen.
Folatel	Engel, die sich um das Tierreich kümmern und für das physische Wohlbefinden und die Sicherheit der Tiere sorgen.
Frakin	F. gehören zur Erdgruppe der Deva-Evolution.
Gnome	Naturwesen des Reichs der Erde, eine Stufe über den Elfen stehend. Sie kümmern sich in erster Linie um das Erdreich und die Mineralien.
Herrn der Berge	Hochentwickelte Wesenheiten aus den Reihen der Engel, die über Energiezentren von Bergen wachen und den Eigenschaften einer gesamten Bergregion ihre Grundnote verleihen.
Herrn der Meere	Hochentwickelte Engel des Wasserreichs, die für große Flüsse und Seen die Verantwortung tragen.

Meeres-tröpfchen	Elementarwesen des Wasserreichs, die einzelne Wassereinheiten reinigen und mit Energie aufladen.
Murmlo	Engel des Luftreichs, die Stürme und Wetterveränderungen herbeiführen.
Najaden	Wasserwesen, die die Stufe der Devas erreicht haben und das Schicksal der Flüsse bewachen.
Naturwesen	Eine allgemeine Bezeichnung für Wesen der inneren Welten, unterhalb der Stufe eines Engels, die den vier Naturreichen dienen.
Naturwoge	Eine der vier Wogen himmlischen Lebens, die unserem Planeten dienen.
Neentel	Engel des Luftreiches, die gemeinsam mit den Murmlo die jahreszeitlich bedingten Wettermuster gestalten.
Nereiden	Engel des Wasserreichs, die sich um das Schicksal von Flüssen, Seen und Meeren kümmern.
Nymphen	Wasserwesen, die die Wasserströmungen lenken.
Pentee	Gruppe von Devas, zuständig für die Entwicklung von Fischen.
Pitris	Hochentwickelte Engel des Feuerreichs, die als planetarische Botschafter unter Anweisung des Solaren Logos wirken.
Salamander	Naturwesen des Feuerreiches, eine Stufe über den Feuerelementalen.

Seezal	Devas, die die Muster des Instinkts festlegen.
Solare Logos	Die Höchste Manifestation der Allgegenwart Gottes in unserem Solarsystem.
Sylphen	Fortgeschrittene Devas des Luftreichs. Sie überwachen die Luftströme und schützen die Erde vor schädigenden Strahlen aus dem Kosmos.
Tija	Die höchsten und erhabensten Intelligenzen des Luft- und Wasserreichs, die auf der Stufe eines Erzengels oder höher stehen und sich in der Stratosphäre aufhalten.
Twan	Devas, die die Evolution der Arten innerhalb des Wasserelements überwachen.
Twilvee	Devas, die den Entwicklungsprozeß der Vögel unterstützen.
Wasserkobold	Höhere Entwicklungsstufe der Meeresträpfchen, die für den Verdunstungsvorgang sorgen.
Zephyr	Zweitjüngstes Mitglied des Luftreichs. Sie beeinflussen die Luftströme.